Max Klinger, geboren am 18. Februar 1857 in Leipzig, ist am 4. Juli 1920 in Großjena bei Naumburg gestorben.
Er gehört unbestreitbar zu den fesselndsten und bedeutendsten Künstlerpersönlichkeiten der Jahrhundertwende in Deutschland. Mit 34 Jahren wurde Klinger, über den zu Lebzeiten so viele Bücher und Broschüren – verehrungsvoller Art – erschienen wie über kaum einen Künstler, gefeiert als »einer der größten Künstler aller Zeiten«. Mit 50 war Klinger ein nationaler Mythos, ein Künstler, der Idealismus und Monumentalität, der die wilhelminischen Wunschträume vom höheren Leben, einem der Schönheit, dem Geist gewidmeten Dasein mit Pathos und theatralischer Pose visualisierte. Mit Beginn des 20. Jahrhunderts geriet Klinger stärker in Gegensatz zur zeitgenössischen Kunstauffassung und bald darauf in den Windschatten allgemeiner Gunst. Zu seinem 100. Geburtstag war er ein vergessener Mann. Im Zuge der Aufwertung des 19. Jahrhunderts ist das Werk Max Klingers während der letzten Jahre erneut in den Blickpunkt des Interesses gerückt. Das gilt insbesondere für die einstmals in hohen Auflagen weit verbreiteten Graphik-Zyklen, die unter surrealen Aspekten neue Aktualität gewinnen. De Chirico, Max Ernst und Salvador Dali haben die Zyklen ausdrücklich gesehen. Unter den jungen Künstlern (z.B. Horst Janssens Hommage mit seinem Blatt »Ein Nachmittag bei Max Klinger«), unter Sammlern und Liebhabern hat das Werk Klingers erneut enthusiastische Bewunderer gefunden. Soweit bekannt, gibt es auf dem Buchmarkt seit 1925 keine Veröffentlichung mehr über Max Klinger. Diese Lücke möchte der vorliegende Band füllen.

insel taschenbuch 204

Max Klinger
Leben und Werk in Daten und Bildern

Max Klinger Leben und Werk in Daten und Bildern

Herausgegeben von
Stella Wega Mathieu
Insel Verlag

insel taschenbuch 204
Erste Auflage 1976

Vertrieb durch den Suhrkamp Taschenbuch Verlag
Umschlag nach Entwürfen von Willy Fleckhaus
Satz: W. Tutte, Salzweg
Druck: Wilk, Seulberg
Printed in Germany

Inhalt

Einleitung

Im Zuge der Revision des 19. Jahrhunderts, der Aufwertung von Jugendstil und Symbolismus, hat das Werk von Max Klinger (1857–1920) neue Bedeutung erlangt. Doch gemessen an der Wiederentdeckung eines Lenbachs oder Stucks, nimmt sich die »Rehabilitierung« Klingers, die sich bisher vorwiegend auf dem Bereich seiner Druckgraphik vollzogen hat, bescheiden aus. Allein die Tatsache, daß Klinger eine der bedeutendsten Künstlerpersönlichkeiten der Jahrhundertwende in Deutschland gewesen ist, anerkannte Künstler wesentliche Anregungen in seinem Werk gefunden haben und dieses eine Fülle von heute noch gültigen Aussagen in sich birgt, macht es notwendig, sich das *Gesamt*phänomen Klinger erneut vor Augen zu führen, nicht in der Absicht, dem Künstler endlich den ihm gebührenden Platz auch in der aktuellen Kunstgeschichte und -literatur einzuräumen, sondern vielmehr um unsere heutige Position in Relation zu einer wichtigen historischen Erscheinung zu sehen und daraus möglicherweise Fragestellungen in Hinblick auf gegenwärtige Strömungen zu entwickeln.

1878 begann die künstlerische Laufbahn Klingers mit der Teilnahme an der 52. Ausstellung der Königlichen Akademie der Künste zu Berlin, auf der die »Ratschläge zu einer Konkurrenz über das Thema Christus« (s. S. 103), der »Spaziergänger« (s. S. 80/81) und die Federzeichnungen zu der Folge »Paraphrasen über den Fund eines Handschuhs« (s. S. 124–127) zu sehen waren. Der Ausstellungsbeitrag des 21jährigen ehemaligen Gussow-Schülers erregte großes Aufsehen. In gleichem Maß getadelt wie gelobt wurde die eigenwillige Art der Behandlung eines religiösen Stoffes in den Christuszeichnungen, der »Spaziergänger« fand sogar allgemeine Anerkennung, weil in dem Ölbild eine gesunde Portion des derzeit vorherrschenden Realismus steckte, von kaum jemand verstanden wurde die Handschuhfolge, in der man heute Surrealismus und spätere Erkenntnisse der Psychologie vorweggenommen sieht.

Der Kritiker der »Gegenwart«, Theodor Lewin, knüpfte an den ersten Ausstellungserfolg Klingers eine prophetische Weissagung für die Zukunft des Künstlers, die sich in den nächsten Jahren vorerst auf dem Gebiet der Radierung bewahrheiten sollte.

Denn zwei Jahre darauf, Klinger beherrschte inzwischen meisterhaft alle graphischen Wirkungsmittel, die zwischen dem Aquatintaverfahren und der Radiernadel liegen, waren fünf graphische Zyklen komponiert, gedruckt und verbreitet, darunter die Radierungen und Randleisten zu der »Amor und Psyche«-Episode des Apuleius (s. S. 120–123), ein Werk, das in die Geschichte der Buchkunst des 19. Jahrhunderts und die des Jugendstils eingegangen ist.

Es folgten die Radierwerke »Ein Leben« (s. S. 129–131), »Dramen« (s. S. 132–138) (beide 1883) und »Eine Liebe« (s. S. 139–145) (1887), die die geistigen und sozialen Strömungen der werdenden Weltstadt Berlin aufzeigen sowie die Lebens- und Weltanschauung des Künstlers widerspiegeln, die unter dem Eindruck Schopenhauerscher Lektüre, selbst was die Einstellung zur Frau betraf, eine pessimistische war.

Der Einfallsreichtum Klingers erstreckte sich auch auf die technische Handhabung der Kupferplatte. War anfangs die malerische Aquatinta-Radierung, deren Anwendung

Klinger anhand der Blätter Goyas studiert hatte, das wirkungsvolle Ausdrucksmittel, so trat später die mehr plastische Stichelarbeit in den Vordergrund, eine von Ferdinand Gaillard wieder in die Kunst eingeführte Technik, auf die Klinger durch den Freund Karl Stauffer-Bern aufmerksam geworden war.
In der »Brahmsphantasie« (s. S. 150/151) (1885/94), der umfassendsten Huldigung Klingers an die ihn mit Begeisterung erfüllende Musik und an den ihm in seiner künstlerischen Gefühlswelt nahestehenden Johannes Brahms, gelang es dem Künstler schließlich, die Idee vom romantischen Gesamtkunstwerk neu zu beleben, und zwar nicht nur durch die Verbindung von Bild, Ton und Wort zu einem einheitlichen Sinngefüge, sondern auch durch das Verschmelzen unterschiedlicher Techniken wie Radierung, Aquatinta, Stich und Schabkunst auf einer Platte zu einem malerisch-plastischen Gesamteindruck.
Damit hatte Klinger die Radierung auf eine neue, erstaunliche Höhe der Ausdrucksfähigkeit gebracht, in einer Zeit, in der in Deutschland die künstlerische Beschäftigung mit den originalgraphischen Techniken nahezu vollkommen aufgehört hatte, Radierung und Kupferstich fast nur noch zur reproduktiven Vervielfältigung von Gemälden herangezogen worden waren.
Doch die Werke der »Griffelkunst«, die Klinger am frühesten und am weitesten berühmt gemacht haben, hatten für den Künstler selbst nur eine Bedeutung zweiten Grades. Sie waren ihm lediglich das geeignete Mittel, die eigene Welt und Anschauung, persönliche Bemerkungen zu den Vorgängen um ihn und in ihm auszudrücken. Sein höchstes Arbeitsziel waren sie nicht; dieses ging vielmehr in eine andere Richtung.

Schon in den ornamentalen Phantasien der Umrahmungen zu den »Rettungen Ovidischer Opfer« (s. S. 115) (1879) hatte der junge Künstler seine Neigung zur dekorativen, raumschmückenden Kunst gezeigt. Mit einer solchen Aufgabe in größerem Stil, nämlich der Ausschmückung der Villa Albers in Berlin-Steglitz, wurde Klinger 1883, kurz vor seiner Übersiedlung nach Paris, betraut. Es entstand ein auf farbiger Stimmung aufgebautes, malerisch einheitliches Raumkunstwerk, das richtunggebend für Klingers künstlerische Weiterentwicklung wurde und ihn zu einer auf große Wirkung bedachten, monumentalen Komposition in der Malerei führte.

Das erste Monumentalwerk Klingers, konzipiert auf der Grundlage einer Ästhetik der farbigen »Raumkunst«, wie sie der Künstler später auch in seiner kunsttheoretischen Schrift »Malerei und Zeichnung« formulierte, wurde das »Urteil des Paris« (s. S. 90/91), das er in den Jahren 1885/87 in Paris und Berlin malte. Inhalt des Gemäldes, sowie eines der Grundthemen der Klingerschen Malerei überhaupt, ist die Verherrlichung des nackten menschlichen Körpers, dargestellt in freiem Licht als farbig-plastische Erscheinung im Raum. Die Versenkung des Bildes in ein architektonisches Rahmenwerk erklärte Klinger mit dem Hinweis, »daß ein Bild von solchen Dimensionen unmöglich wie ein kleines Stilleben in üblichen eckigen Rahmen an die Wand geheftet werden kann, sondern wie ein Durchblick durch eine geöffnete Wand wirken und in ferne mythologische Zeiten und Räume führen soll.«* Noch stärker akzentuiert ist die Verschleifung der Grenzen zwischen den Medien Malerei, Skulptur und Architektur im »Christus im Olymp« (s. S. 92/93) (1897), der philosophischen

* Zitiert nach Max Schmid: Max Klinger, Bielefeld und Leipzig 1926[5], S. 88.

Auseinandersetzung Klingers mit den beiden Kulturwelten Christentum und Antike. Trompe-l'oeil-Effekte in der marmornen Sockelzone, die nur im unteren Teil aus Stein, im oberen aber gemalt ist und zwei in den Raum ragende marmorne Aktfiguren zu beiden Seiten der Predella erweitern die Raumillusion und verleihen der »Scheinwelt« Glaubwürdigkeit. Wie schon erwähnt, steht im Mittelpunkt der gedankenreichen Phantasiewelten Klingers, in der die humanistische Bildung sowie die Träume zwischen dem Schlafen und Erwachen ihren Niederschlag gefunden haben, der Mensch und der menschliche Körper, der sich plastisch von einer mit romantischem Tiefensog ausgestatteten, impressionistisch flimmernden Hintergrundlandschaft abhebt. Über die nackte menschliche Gestalt, bar jeglichen Zeitkostüms, frei von historischen und mythologischen Inhalten, findet die Identifikation des Betrachters mit dem Geschehen auf der Leinwand statt.

Neuaktualisiert hat Klinger auch die Themen traditioneller religiöser Malerei in der »Kreuzigung« (s. S. 94/95) und »Pietà« (s. S. 96/97) (beide um 1890 in Rom vollendet) durch die Profanisierung und Psychologisierung der Heilsgeschichte.

Gleichzeitig mit der Malerei wandte sich der Künstler der farbigen Skulptur zu, die in den 80er Jahren in Berlin lebhaft diskutiert wurde und zu der Klinger sich schon in seinem Raumkunstwerk für die Villa Albers durch die Hineinnahme zweier polychromer Büsten, die von Arthur Volkmann gemeißelt und von Hermann Prell bemalt worden waren, bekannt hatte.

Zur selbständigen Bildhauerarbeit gelangte Klinger aber erst in den römischen Jahren (1888/93) durch den Einfluß

Karl Stauffer-Berns, der als erster der »Berliner Maler-Radierer« von der plastischen Stichelarbeit zur Plastik selbst übergewechselt war.
1893 vollendete Klinger sein erstes polylithes Bildwerk »Die Neue Salome« (s. S. 60/61), bei der die Verwendung verschiedener und edler Materialien, ebenso wie die psychologische Durchdringung von Körper und Seele in der Darstellung der zeitgenössischen »femme fatale« großes Aufsehen erregte. Es folgten die »Kassandra« (s. S. 62/63) (1895) und weitere Skulpturen, bei denen aber mehr und mehr die psychologisierende Komponente zugunsten der Form verdrängt wurde und Klinger schließlich der Forderung Adolf Hildebrands, »das plastische Gebilde als geschlossenes Volumen aus dem Block herauszuhauen«*, stattgab.
Doch vor allem war es die sinnliche Schönheit des Materials, die Klinger immer wieder zur plastischen Tätigkeit reizte. Im »Beethoven« (s. S. 70–73) (vollendet 1902), eine der bedeutendsten Schöpfungen des Künstlers, mißglückte zwar die »Materialbezwingung«, dennoch hat Klinger in diesem Monument ein außergewöhnliches Denkmal geschaffen, indem er nicht die körperliche Erscheinung Beethovens wiedergab, sondern vielmehr die Verkörperung einer Idee, nämlich das Ringen um die Christentum und Antike vereinigende künstlerische Ausdrucksform schlechthin darstellte.
Jener quälende, schöpferische Prozeß des Gestaltens, das ständige Suchen nach Stilen und Formen, aber auch nach großen Gedanken und gewaltigen Aussagen, ist in dem Schaffen Klingers, das sich nur schwer durch das Nadelöhr der traditionellen Kunstgeschichte zwängen ließ, spürbar

* Zitiert nach Paul Kühn: Max Klinger, Leipzig 1907, S. 379.

geblieben; und wie man meinen sollte, dürfte das nicht den Reiz einer neuen Betrachtung und Auseinandersetzung mit dem Radierer, Maler und Bildhauer Klinger schmälern, in dessen Werk sich unbestreitbar eine kreative bildkünstlerische Zusammenfassung der Kunstbestrebungen des 19. Jahrhunderts überliefert findet.

Lebenschronik[1]

1857 Max Klinger wird am 18. Februar in Leipzig geboren als zweiter Sohn des wohlhabenden Seifenfabrikanten Heinrich Louis Klinger und dessen Ehefrau Auguste Friederike Eleonore, geb. Richter. Heinrich Louis Klinger (geb. am 3. Juli 1815) wollte ursprünglich Maler werden, gehorchte aber dem Wunsch des Vaters und wurde wie dieser Seifensieder. In seiner Freizeit beschäftigte er sich weiterhin mit der Malerei und spielte außerdem Klavier. Auguste Klinger (geb. am 22. Juni 1820) war in künstlerischen Dingen unbedarft. Richard Dehmel schildert sie in einem seiner Briefe von 1894 als eine »stille, feine und doch umsichtige, mild lenkende Frau«[2].

1859 Am 29. Januar Geburt des Bruders Georg.

1861 Am 30. April Geburt der Schwestern Louise und Martha.

1863 ff. Besuch der Bürgerschule in Leipzig bis 1867. Der Vater schickt die Söhne Heinrich (geb. am 26. Oktober 1854), Max und Georg zu Zeichenlehrer Brauer in die Sonntagsschule. Dort zeichnen sie nach Vorlagen Umrisse von antiken Köpfen, Landschaften, Genreszenen und malen kleine Aquarelle.

1867 ff. Besuch der Realschule bis 1873. In den Skizzenbüchern von 1870/71 und 1871/73 erste Ideengestaltung zum Problemkomplex Tod und zur antiken Sagenwelt.

1874 Im März berät sich der Vater mit dem Dresdener Architekten Steche über die Zukunft seines Sohnes Max. Steche empfiehlt Anton von Werner in Berlin, der Klinger ablehnt und auf Karl Gussow in Karlsruhe hinweist. Am 24. April nimmt Klinger das Studium an der Kunstakademie in Karlsruhe auf.
Anfangs Schüler von Ludwig Des Coudres, dann von Karl Gussow, bei dem auch Hodler, Schirm, Slevogt und Wilhelm Volz sind. Auf Schulfesten begeistert Klinger die Gesellschaft durch Klavierimprovisationen.

1875 Im Mai unternehmen die Kunststudenten einen Ausflug nach Maulbronn, wo sie die Klosterkirche besichtigen. Klinger schreibt an die Eltern: »Das Kloster ist nun über alle Beschreibung schön u. großartig, ich erwähne nur, daß in der großen riesigen Klosterkirche Musik gemacht wurde unter Orgelbegleitung. Schirm spielte, das Quartett sang etc. Wenn ihr euch diese wunderbare Kirche vorstellen könntet und die Musik dazu so werdet ihr Euch denken können, daß wir sammtlich ergriffen waren. Die Beleuchtung, die Farben und die Architektur sind gar nicht zu beschreiben.«[3]
Im Oktober folgt Klinger seinem Lehrer Gussow nach Berlin, der von dem neugewählten Direktor der Akademie, Anton von Werner, in die Reichshauptstadt berufen worden war.
Am 18. Oktober nimmt er das Studium an der Berliner Akademie auf, wo er sich eingangs Vorlesungen über Anatomie und Perspektive anhören muß.
Er wohnt mit dem norwegischen Maler Christian Krogh zusammen, den er schon aus Karlsruhe kennt. Beschäftigung mit Darwin. Künstlerisches Vorbild Adolph Menzel.

1876f. Klinger schließt die Akademie mit dem Prädikat »außerordentlich« ab und erhält die Silberne Medaille. Seine Berliner Lehrjahre sieht er selbst kritisch und bemerkt einmal gegenüber Wilhelm Bode, daß er nach der Ausbildung nicht mehr imstande sei, die Natur mit »reinem Auge« zu sehen.[4]
Noch im selben Jahr beginnt Klinger seine Dienstzeit als Einjährig-Freiwilliger beim 8. königlich-sächsischen Infanterieregiment »Prinz Johann Georg«, die bis 1877 andauert. Hermann Schlittgen berichtet aus dieser Zeit: »Max Klinger kam als Einjähriger zum Abendakt (auf der Leipziger Akademie), er war als Künstler schon bekannt, wir sahen ihn scheu an und lachten, als der gute alte Kupferstecher seine Arbeit korrigierte. Klinger fing seinen Akt oben an und führte den Kopf ganz aus, ohne vom übrigen Körper nur einen Strich vorgezeichnet zu haben. Das erregte das Mißfallen des Alten, doch ließ sich Klinger nicht stören und zeichnete die nächsten Abende ruhig so weiter, bis er unten bei der großen Fußzehe aufhörte.«[5]

1878 Wohnhaft wieder in Berlin. Teilnahme an der 52. Ausstellung der Königlichen Akademie der Künste zu Berlin mit: »Spaziergänger« (auch »Überfall« oder »Rote Mauer« genannt), Ölg. (s. S. 80/81) »Ratschläge zu einer Konkurrenz über das Thema Christus«, Folge von acht Federzeichnungen (s. S. 103).
Die Christuszeichnungen rufen teilweise Empörung hervor, da Klinger die Hauptmomente aus dem Leben des Heilands nicht »verklärt« darstellt, sondern vielmehr eine wirklichkeitsnahe Schilderung des biblischen Stoffes liefert. Der Kritiker der »Gegenwart«, Theodor Lewin,

wagt es, die eigenwillige Art der Blätter lobend hervorzuheben und in Klinger einen Künstler der Zukunft zu sehen.[6] Lewin wird daraufhin von der Redaktion gerügt. Auf Anregung des Kupferstechers und Kunsthändlers Hermann Sagert intensive Beschäftigung mit den graphischen Techniken.
Umsetzungen von Federzeichnungen in die Radiertechnik.

1879 Im April geht Klinger nach Brüssel und wird Schüler von Emile Charles Wauters. Er berichtet den Eltern: »Die Stadt imponiert mir täglich mehr... Noch nirgends selbst in Paris nicht habe ich so prachtvolle künstlerische Gebäude gesehn wie hier... Mitten in der Stadt ein großer Park mit prachtvollen Statuen und Theater. Auf der einen Seite das königliche Schloß auf der andern die Minister hôtels... Noch keine Kirche hat auf mich so viel Eindruck gemacht wie die St. Gudule, die liegt hoch und ist imposant, wie nur irgend möglich. Das großartigste wird das Palais de Justice, ein Riesenbau, nicht so ausgedehnt wie die Tuilerien, in Paris, aber großartiger im Stil.«[7] Dort erfolgt der Druck der »Radierten Skizzen« (Opus I) (s. S. 112/113) und der »Rettungen Ovidischer Opfer« (Opus II) (s. S. 114/115), die Klinger Robert Schumann widmet.
Infolge von Überarbeitung erkrankt er und muß nach etwa sechsmonatigem Aufenthalt in Brüssel nach Hause zurückkehren.
Aus der Brüsseler Zeit stammt das Ölgemälde »Cäsars Tod« (Leipzig, Museum der bildenden Künste), das jahrelang unbeachtet zusammengerollt liegt und 1919 mit geringfügigen Retuschen am Kopf und an den Füßen

Cäsars vollendet wird. Außerdem Federzeichnungen mit erotischen Sujets, die an Arbeiten von Felicien Rops erinnern.

1880 Im Mai dreiwöchiger Kuraufenthalt in Karlsbad. Im Juni geht Klinger nach München. Er schreibt den Eltern: »Wenn ich Euch von München Beschreibung machen sollte, so wäre ich in Verlegenheit. Ihr kennt es ja glücklicherweise aus eigener Anschauung. Sehr sympathisch ist es mir nicht und wird es wohl auch kaum werden. Besonders nach Karlsbad, welches eines so vornehm ruhigen nobeln Eindruck macht mit seiner Lebensweise, und dessen eleganten Einrichtungen man sich immer nur $^1/_2$ Stunde von Wien oder Paris wegfühlt, wirkt die Münchener Bevölkerung, Bauart, Lebensweise und Durchschnittsphysiognomien fürchtbar dorfmäßig. Und das ist bei Gott nicht übertrieben. Denkt Euch Sonntag Morgen 7 Uhr wurden in der Schwanthalerstr. die Ziegen durch die Straßen getrieben, dasselbe sah ich heut morgen in der Briennerstr. mitten in der ›eleganten‹ Stadt! Die Häuser haben sowas durchgehend von 1830 her, also höchst versimpeltes. Nur die einzelnen Monumentalbauten sind ja oft höchst schön und großartig, aber die Privathäuser und Leute darin und darum passen nicht dazu, das Leben in den Kneipen nun vollends.«[8]
Wie schon in Brüssel lebt er zurückgezogen und widmet sich nur seiner Arbeit.
Liest »Sakuntula« und »Urvasi« von Kalidasa.
Bekanntschaft mit Johannes Brahms.
Die Nationalgalerie Berlin kauft die »Ratschläge zu einer Konkurrenz über das Thema Christus«.
Entstehung folgender Radierwerke:

»Eva und die Zukunft« (Opus III) (s. S. 116/117), »Intermezzi« (Opus IV) (s. S. 118/119), »Amor und Psyche« (Opus V) (s. S. 120–123).

1881 Mitte Januar geht Klinger wieder nach Berlin. Freundschaft mit Karl Stauffer-Bern.
Übersetzung der Federzeichnungen »Paraphrasen über den Fund eines Handschuhs« (Opus VI) in Radierungen (s. S. 124–127). Außerdem 14 Radierungen für die Eröffnungsfestschrift des Kgl. Kunstgewerbemuseums Berlin.

1882 Der dänische Literaturhistoriker und Kritiker Georg Brandes, mit dem Klinger seit dem Winter 1877/78 bekannt ist, schreibt in der Reihe »Moderne Geister« einen Aufsatz über Max Klinger und gibt damit den entscheidenden Anstoß zur späteren Popularität des Künstlers. Es entstehen die Ölgemälde »Abend« (s. S. 84/85) und »Gesandtschaft« (s. S. 82/83). Nach Böcklins »Sommertag« fertigt Klinger eine Radierung für die Firma Fritz Gurlitt an, die das Blatt umsonst an Kunden verteilt.

1883 Klinger erhält den Auftrag, die Malereien für die Villa Albers (s. S. 86–89) in Berlin-Steglitz auszuführen. Bekanntschaft mit Alfred Lichtwark.
Im Sommer Übersiedlung nach Paris. Lebt zurückgezogen. Studiert im Louvre Goya, Doré, Puvis de Chavannes. Liest Zola, die Goncourts, Flaubert.
Im September beginnt er ein »Protokoll«, in dem er seine Gedanken zu Fragen der Kunst niederschreibt.
Im Dezember Rückkehr nach Deutschland, um Arbeiten in der Villa Albers vorzunehmen. Entstehung der Radierwerke:

»Vier Landschaften« (Opus VII) (s. S. 128),
»Ein Leben« (Opus VIII) (s. S. 129–131),
»Dramen« (Opus IX) (s. S. 132–138) – Die Ausstellungen der Folge bringen Klinger in München eine Silberne Medaille, in Berlin die Kleine Goldene Medaille und im Pariser Salon eine ausgezeichnete Kritik ein.

Radierung nach Böcklins »Burg am Meer«. (Das Bild befand sich im Besitz von Albers, den Klinger darum gebeten hatte, es nachradieren zu dürfen: »Noch ganz unter dem Eindruck stehend den Ihr Böcklin wieder auf mich ausübte, konnte ich dem Drang ihn in Radierung wiederzugeben nicht widerstehen, obwohl ich das Unbehagen und die Sorge die Ihnen eine wenn auch nur kurze Trennung von diesem Bilde verursachen würde von Grund aus verstehe.

Indessen hoffe ich, daß Ihnen eine Reproduktion desselben, eine wenn auch geringe Entschädigung sein möchte für das Erlittene. Dürfte ich Sie also beim Wort nehmen? Ich habe eine Platte aufgetrieben, auf welcher ich das Bild fast in gleicher Größe wiedergeben könnte. Wenn Sie sich denn zu einer kurzen Trennung entschließen könnten, würden Sie mich sehr verbinden wollten Sie mir für Ende dieser oder Anfang nächster Woche einen Tag bestimmen, wo ich das Bild bei Ihnen abholen könnte. Daß ich dasselbe mit ehrfurchtsvoller Zärtlichkeit behandeln würde könnten Sie versichert sein«.[9]

1884 Ausführung der Arbeiten in der Villa Albers. Muß wegen Krankheit vorzeitig abbrechen. Erwirbt Schopenhauers »Parerga und Paralipomena«. Das Hauptwerk »Die Welt als Wille und Vorstellung« und eine Sammlung Schopenhauerscher Briefe besitzt Klinger bereits.

Anläßlich einer Feier zu Ehren Adolph Menzels, veranstaltet vom Verein Berliner Künstler, radiert er das »Menzelfestblatt« (s. S. 164).

1885 Vollendung der Raumdekorationen für die Villa Albers.
Im Januar geht Klinger wieder nach Paris. Nicht mehr so beeindruckt von den Impressionisten, dagegen um so stärker von van Eyck, Mantegna und den Präraphaeliten schreibt Klinger: »Von der Kunst habe ich hier seit April gar nichts gesehen – nur Sonntags von 2 Uhr ab das Louvre. Während der ersten zwei Jahre die ich hier war, zog er mich gar nicht an, wegen der grauenhaft großen Saäle, die ersten 2 Eindrücke waren geradezu abstoßend. Seit besserer Orientierung darin bin ich ganz andrer Meinung geworden. Die Lionardos allein und der kleine Van Eyck ziehen mich jetzt fast ausschließlich hin – außerdem die Mantegna's. Von modernen Sachen sah ich seit einem Jahre nichts, was mir vorher davon zu Gesicht kam, zieht mich nicht an. Auch der Theil Impressionisten, die mich anfänglich wirklich anzogen, ist mir nicht mehr sympathisch. Das nähere Bekanntwerden mit den Lionardo'schen Sachen und den Praeraphaeliten hat meinen Ansichten über Kunst jetzt eine bestimmte Richtung gegeben.«[10]
Liest zum zweiten Mal Zolas »L'Assomoir«, aber nicht mehr mit der anfänglichen Begeisterung. Bevorzugt wieder Goethe und Shakespeare. Erste Idee zum »Beethoven«.

1886 Im Juli verläßt Klinger Paris angeblich unter dem Druck einer damals inszenierten antideutschen Bewegung.

Kaminecke der Villa Albers in Berlin-Steglitz nach einer Aufnahme von 1885.

Reise nach Italien, wo er in Buntsteinbrüchen Material für den Kamin der Villa Albers aussucht.
Gipsmodell zum »Beethoven«. Beginn der Arbeiten zu dem Gemälde »Urteil des Paris«.

1887 Im März wieder in Berlin. Dort im April Bekanntschaft mit Arnold Böcklin.
Beteiligung an der 59. Ausstellung der Königlichen Akademie der Künste zu Berlin mit dem »Parisurteil«

(s. S. 90/91), das anschließend im Leipziger Kunstverein gezeigt wird.
Beschäftigung mit Lessings »Laokoon«.
In seinem jüngsten Radierzyklus »Eine Liebe« (Opus X) (s. S. 139–145) verwendet Klinger zusätzlich die Stichtechnik und schreibt darüber: »Sie werden bemerken, daß ich eine ganz neue Technik verwende. Seit meiner Rückkunft hier her (Marz. c) steche ich viel und neuere Sachen werden wohl in der Hauptsache mit dem Stichel ausgeführt werden... Diese Technik wurde mir durch den Maler Stauffer-Bern hier an's Herz gelegt. Ich weiß nicht ob Sie dessen Stichelblätter kennen, meist Portrait Köpfe und Studien. Es sind dies die besten Sachen, die ich in dieser Art kenne, und sie verdienten Würdigung und Unterstützung in größerem Umfange als bisher geschieht.«[11]

1888 Im Januar Ausstellung von Klingerscher Graphik in Breslau.
Im Februar Übersiedlung nach Rom. Klinger bezieht ein Atelier in der Nähe des Kolosseums. Er beschreibt es den Eltern: »Das Atelier ist ziemlich groß ich habe da großen Balcon zum Malen im freien. 6 Treppen hoch und eine unbeschreiblich schöne Aussicht rundherum frei sehe ich. Auf alle Monumente und ganz Rom und habe Ringsum Aussicht auf die fernen Gebirge. Direct vor dem Atelier liegen die Riesenruinen des Colosseums und weiter davor der Triumphbogen des Constantin.«[12]
Unternimmt mit Stauffer-Bern Reisen in die Umgebung und berichtet den Eltern: »Schrieb ich Euch, daß ich vorige Woche mit Stauffer auf zwei Tage in Porto d'Anzio, Nettuno und Albano war? Wir hatten Glück mit Wetter und Meer. Haben im Meer gebadet ganz draußen

an der sonnigen Küste – Es war wundervoll. Städte und Orte von denen man sich bei uns schwer einen Begriff macht. Größte Schönheit und größter Schmuz sind hier untrennbar verbunden... Hinter den Werth von Rom kommt man nach und nach. So, als Stadt ist es eine große Enttäuschung. Schmuz, Enge Gassen, Schlechte Architekturen, sehr wenig alte Bauten (aber desto mehr antike) das alles macht erst einen sehr ungünstigen Eindruck. Kommt man dann in die Museen, sieht man die antiken Bauten an, so wird das alles anders.«[13]

Im Oktober Besuch Kaiser Wilhelm II. in Rom, Klinger und Stauffer-Bern erwarten in dichtem Gewühl die Ankunft: »Wir waren mitten im Kaiserzauber. Dies mal hatte ich mich entschloßen einmal ›mitzumachen‹ d.h. zu sehen, was publice zu sehen war... Ich war mit Stauffer in der Nähe des Bahnhofs. Drei Stunden stehen und warten, in voller Hitze und dickstem Gewühl war nichts geringes. Überall ein Riesengewimmel, Tribunen auf allen Seiten... Der Kaiser gefiel uns ausgezeichnet, er sieht älter aus und ernster als er ist, sehr würdevoll ohne Gemachtes und sehr energisch.«[14]

Im November wird Klingersche Graphik in Brüssel ausgestellt.

Liest die okkultische Abhandlung von Kerner »Die Seherin von Prevorst«.

1889 Unternimmt im Mai eine mehrwöchige Reise durch Italien.

Distanziert sich von Stauffer-Bern, gegen den ein gerichtliches Verfahren läuft.

In Rom erscheint die erste Ausgabe der Radierfolge »Vom Tode I« (Opus XI) (s. S. 146–149).

1890 Studium der antiken Plastik. Mehrere Reisen innerhalb Italiens. Im Dezember fährt Klinger nach Leipzig.
Vollendung der Ölgemälde:
»Die blaue Stunde« (s. S. 98), »Kreuzigung« (s. S. 94/95), »Pietà« (s. S. 96/97).
Radierungen nach Bildern Böcklins für die Firma Fritz Gurlitt.

1891 Klinger hält sich von Januar bis April in München auf, um dort eine Ausstellung vorzubereiten und zu drucken.
Im Mai Reise über Neapel nach Sizilien.
Im September erhält Klinger eine Medaille für die in München ausgestellten Radierungen.
Im selben Monat Ausstellung der »Pietà« und »Blauen Stunde« in Paris.
Wieder in Rom nähere Bekanntschaft mit Otto Greiner, mit dem er verschiedene Reisen innerhalb Italiens unternimmt.
1. Auflage von Klingers kunsttheoretischer Schrift »Malerei und Zeichnung«.
Wahl zum ordentlichen Mitglied der Münchener Akademie.

1892 Im Februar Gründung der Gruppe »XI« in Berlin gegen den »Verein Berliner Künstler«, dessen Vorsitz Anton von Werner führt, der die vorzeitige Schließung der Edvard Munch-Ausstellung betrieben hatte. Klinger schließt sich der Protestaktion an.
Fertigstellung einer Reihe von Ölgemälden, darunter:
»Die Quelle« (s. S. 100), »Am Strand« (s. S. 99), »Sirene« (Berlin, Privatbesitz).

Die Familie Klinger vor dem elterlichen Haus in Leipzig nach einer Aufnahme von 1893. Vorn sitzend von links nach rechts: die Mutter, der Vater, die Schwester Martha; dahinter stehend von links nach rechts: die Schwester Louise, der Bruder Georg, Max Klinger, der Bruder Heinrich mit Frau und seinen drei Kindern.

1893 Im Februar trifft Klinger mit Böcklin in Florenz zusammen.
Im April kehrt er nach Leipzig zurück.
Entwurf zum Bau eines eigenen Hauses auf dem väterlichen Grundstück.
Im September erwirbt das Leipziger Museum Klingersche

Graphik und ein frühes Skizzenbuch. Im November Ausstellung der »Kreuzigung« in Dresden.
Liest Dehmel, Falke, Liliencron. Fertigstellung der Skulptur »Die Neue Salome« (s. S. 60/61) in echtem Material.

1894 Im Januar erscheint im »Berliner Tageblatt« ein Artikel über die Stauffer-Bern-Affäre, in die Klinger einbezogen wird. Bei der Beschwerde in der Redaktion läßt sich Klinger zu Tätlichkeiten gegen den verantwortlichen Redakteur hinreißen und muß sich vor Gericht verantworten. Wird freigesprochen.
Im selben Monat wird Klingers erste Einzelausstellung in Leipzig eröffnet. Schon im Jahre 1892 hatte der Vorstand des Leipziger Kunstvereins eine Klinger-Ausstellung geplant. Sie kam aber nicht zustande, da man sich scheute die »Kreuzigung« auszustellen, die besonders in kirchlichen Kreisen aufgrund der völlig unbekleideten Christusfigur Empörung hervorgerufen hatte. Auf Anraten Julius Vogels nahm Klinger eine entsprechende Übermalung vor.
Das Leipziger Museum erwirbt die »Neue Salome«. Ende Januar Wahl zum ordentlichen Mitglied der Königlichen Akademie in Berlin.
Im April unternimmt Klinger eine mehrwöchige Reise über Wien, wo er mit Johannes Brahms zusammentrifft, nach Griechenland. Über den Besuch bei Brahms schreibt er an seine Eltern:
»Es war ungemein liebenswürdig. Anspruchslos und so nett und lustig. Er hatte mich erst ein paar Tage später erwartet und so lud er mich ein ihn Abends 7 abzuholen. Wir waren da zu 4, noch der Maler Michalek und ein Musikdirektor des Musik-vereins und sind in den Wurstl-

prater getrudelt. Alle möglichen Buden haben wir besucht, bei den Czarda's zu Abend gegessen und schließlich sind wir (Brahms mit) Rutschbahn gefahren. Den nächsten Morgen holte mich Brahms und Michalek im Volksgarten vom Caffee ab wir haben Museen, Kirchen, Rathaus besucht, zusammen gespeist und sind dann nach Schönbrunn gefahren ... und dann kam das schönste. Brahms hatte mich aufgefordert ihn zu einer Unterhaltung in den Wiener Musikverein abzuholen. Es wurden da einige Chorstücke von Palestrina Bach und Brahms aufgeführt ... und nach dem Essen, wurden ein paar neue noch nicht erschienene Volkslieder von Brahms aufgeführt. Eine entzückend schöne Dame Baronesse Cornaro sang die Soli ein Chor Damen saß an Tischen in der Nähe des Flügels und sang den Chor refrain und Brahms selbst dirigierte und begleitete am Flügel. Das war entzückend. Die Baronesse C. war genau das Gesicht wie auf meinem ›Frühling‹ von Böcklin, nur daß sie ganz wundervoll sang.«[15]

In Athen begegnet Klinger deutschen Archäologen, die bei ihren letzten Grabungen auf der Akropolis Reste farbiger Skulptur gefunden haben.

Bis Juni sucht er in Marmorbrüchen nach geeigneten Blöcken für geplante Bildwerke.

Im Juli verweilt Böcklin drei Tage bei Klinger in Leipzig. Klinger berichtet darüber:

»Der alte Herr war die Liebenswürdigkeit selbst. Er war lustig, unermüdlich, und trotz allem nicht vor 2 Nachts hinter dem Tisch hervorzulocken. Es war um ihn eine Art heimlicher Sicherheitsdienst eingerichtet. Sein Sohn war von seiner Familie mit nach Berlin geschickt worden, um ihn auf alle Fälle zu hindern, sich bei seinen Luftschiffpro-

jekten selbst aus zu setzen (dieselben sind scheint es wieder einmal ›in aria‹ gegangen an Stelle seines Apparates) ... als Egoist war ich glücklich mit den alten Herrn 3 Tage zusammen sein zu können. Es ist ja unglaublich, welche Menge von Kenntnissen und Praktiken in diesem Kopf stecken, für was er sich alles interessiert hat.«[16]
Anfang Dezember fährt Klinger nach Paris, um dort einige Arbeiten in Bronze gießen zu lassen.
Auseinandersetzung mit Nietzsches »Zarathustra«. Vollendung der »Brahmsphantasie« (Opus XII) (s. S. 150/151).

1895 Im Januar erwirbt der Architekt Alexander Hummel das »Parisurteil« für seine Villa in Triest.
Im Februar Ausstellung der »Kassandra« (s. S. 62/63) in echtem Material in Leipzig. Ein Leipziger erwirbt die Figur in aller Stille, um sie dem Leipziger Museum zum Geschenk zu machen.
Anfang März Reise über Colmar (Besichtigung des Isenheimer Altars) nach Paris, wo sich Klinger bis Mitte Mai aufhält. Ausstellung des »Parisurteils« und der »Kassandra« in Paris.
Im Mai verbringt Klinger 2 Tage auf der Isle of Wight und fährt anschließend nach London. Er schreibt den Eltern: »London ist das schönste was ich noch gesehen habe ... Vom Moment der Ankunft bis Nachts um 1 habe ich mich ausschließlich oben auf den Omnibussen herum getrieben bin in allen möglichen Richtungen durch die Stadt gefahren habe eine Unmasse gesehen – vor allem die Nachtfahrten das ist das unglaublichste was man sich vorstellen kann ...«[17]
Im Juni Baubeginn von Klingers Wohn- und Atelierhaus in Leipzig.

Im September Ausstellung in Dresden. Ankauf der »Pietà« durch die Gemäldegalerie Dresden.
Im November wird Klinger eine Professur in Wien angeboten. Die Verhandlungen zerschlagen sich im letzten Augenblick.
Richard Dehmel widmet Klinger seinen Gedichtband »Lebensblätter«.

1896 Im Januar Tod des Vaters.
Beendigung des Hausbaus. Die Villa Klingers wird zu einem kulturellen Brennpunkt in Leipzig.
Im Mai erhält Klinger einen Auftrag für die Ausmalung des Treppenhauses des Museums und der Aula der Universität in Leipzig.
Im November Reise nach Tirol zwecks Marmorkauf.
Brahms widmet Klinger vier Lieder (Opus 121). Entwürfe für Wandbilder im Treppenhaus des Leipziger Museums. Klinger beschreibt A. Hummel die Entwürfe: »Wie ich Ihnen sagte das Treppenhaus ist componiert, die Skizzen stehen fertig da... Als Motiv nehme ich die Tages- u. Nachtzeiten – Morgen Mittag Abend Nacht. Oben im Plafond in Farbe und Stimmung correspondierend, die je 6 Horen und Chronos. Dieser in der Mitte über der Thür, in der Mitte der Nachtstunden... 18 Horen und Chronos treiben sich auf den 3 Simsen herum und die andern 6 nehmen als Walküren (ich beglücke 12 Horen mit Pferden) an dem Kampf oben im großen Hauptbild Theil. Wie gesagt: Das Thürfeld ist: Nacht. Das Theilfeld links Kreuzigung (›er ruft den Elias‹) Theil rechts Grablegung (hellgrüne Thür mit weißer Marmorrahmung Das Feld A Morgen Meer Sturm, in der ferne Insel im Nebel. Weit draußen ein Boot, Christus mit den Aposteln. Nackt über

das Meer schreitet die Natur und fordert Christus auf *ihr* entgegen zu kommen. Christus setzt einen fuß auf's Wasser Große Hauptwand der Kampf – Mittag – Wand C. Abend, Gebirgsthal bei Terlan Meran, Schlachtfeld. Vorn Reiterabtheilung zum Schutz eines Bachüberganges und Verwundete In der ferne Marschdisposition des siegreichen Heeres und Entscheidung über die Gefangenen, oben im Plafond glänzt die Säulenhalle, in Abendsonne tanzende Horen, andre entlassen nach dem Kampf die Pferde.«[18] (Die Malereien bleiben unausgeführt, wegen überhöhter Honorarforderung Klingers.)

1897 Ernennung zum Professor an der Akademie der graphischen Künste zu Leipzig.
Ernennung zum Mitglied der Wiener Sezession. Vollendung des Monumentalgemäldes »Christus im Olymp« (s. S. 92/93), das in Leipzig ausgestellt wird und heftige Kontroversen hervorruft. Vollendung der »Badenden, die sich im Wasser spiegelt« (s. S. 64/65) in Marmor.

1898 Auf einem Liliencron-Abend lernt Klinger die Schriftstellerin Elsa Asenijeff geb. Packeny (geb. 1868, gest. 1941) kennen, die ihren Mann, einen Bulgaren im diplomatischen Dienst, verlassen hatte und durch ihr extravagantes Auftreten in der Leipziger Gesellschaft Aufsehen erregte. Fritz Schumacher erzählt:
»Elsa Asenijeff war eines Tages in den Hörsälen der Leipziger Universität aufgetaucht und erregte allgemein das größte Aufsehen.
Ich sah sie zum erstenmal an einem Abend der ›Literarischen Gesellschaft‹; eine volle, schleppende Stimme hörte ich hinter mir sagen: ›Wie schön diese Rose – sie riecht so

Klinger vor seinem Bild »Christus im Olymp«.

krank‹, da blickte ich umschauend in ihr geheimnisvolles Gesicht, das üppige slawische Weichheit mit merkwürdiger Energie verband. Kurze Zeit darauf wurde ich durch einen befreundeten russischen Schriftsteller mit ihr zusammengeführt. Es zeigte sich, daß sie durch mich zu Klinger wollte, was ihr nicht gelang. Es war im Café um ein Uhr nachts; sie kam gerade zurück vom Meer, an das sie für einen Tag, von ›unbezwinglicher plötzlicher Sehnsucht‹ getrieben, gereist war; ihre Begeisterung war voll

kapriziöser Einfälle, dazwischen aber zugleich zeigte sich eine Dialektik von kalter Schärfe und schillernder Sprunghaftigkeit.«[19]
Sie wird Klingers Modell und Geliebte. (Die Verbindung bricht 1916 aufgrund Elsa Asenijeffs zunehmend bizarres Wesen auseinander.)
Im April reist Klinger über Wien (Ausstellung der »Kreuzigung«) nach Italien.
Ende Dezember Reise nach Paris und anschließend in die Marmorbrüche von Biarritz.
Vollendung der Marmorfigur »Amphitrite« (s. S.66/67).

1899 Im Januar Reise in die Pyrenäen, um Marmor für den »Beethoven« zu kaufen.
Die Tiedge-Stiftung beauftragt Klinger, das »Drama« in Marmor auszuführen. Im November sucht er in Griechenland nach geeignetem Marmor für die Skulptur.
Errichtung eines Interimsateliers im Hofe des ehemaligen Grassimuseums in Leipzig. Dort Arbeit an den Wandbildern für das Leipziger Museum, später auch für die Leipziger Universität und das Chemnitzer Rathaus.
Die »Badende« wird im Leipziger Kunstverein ausgestellt und anschließend für das Museum erworben.
Im Auftrag des Leipziger Stadtrats radiert Klinger den »Ehrenbürgerbrief für Oberbürgermeister Dr. Otto Georgi«.

1900 Seit Juni arbeitet Klinger in Paris, wo er u.a. den Bronzeguß zum Beethoven-Thron vorbereitet.
Am 7. September bringt Elsa Asenijeff Klingers Tochter Désirée in Paris zur Welt, die dort von einer Amme großgezogen wird.

Max Klingers Marmorbüste der Schriftstellerin Elsa Asenijeff.

Besuch in Rodins Atelier.
Entstehung der Porträt-Büste von Elsa Asenijeff. Sie beschreibt die Entstehung ihres Bildnisses in einer Dichtung: »Da zog das Weib über die Erde hinaus, um einen Künstler zu finden. Der stand gerade da und warf aus Lehm einen Adam zusammen. Ganz ein Gott! dachte erschüttert das Weib. Und stille in sich meinte sie: wenn er nur mich formen wollte, daß ich nicht sterben müßte!

Max Klinger in seiner Werkstatt; im Hintergrund die »Schlafende« nach einer Aufnahme von 1902.

Aber vorsichtig schwieg sie still. Der Künstler betrachtete sie mit Wohlgefallen und sprach: ›Dich möchte ich in Stein bilden.‹ Ihr gefiel sein Wollen. Er aber warnte: ›Weißt Du, aber deine Seele muß eher zerstückelt werden, denn ich muß sie in den Stein tun, damit er durchleuchtend ist wie seliges Leben.‹«[20]

Vollendung des Marmorreliefs »Schlafende« (s. S. 68).

1901 Alexander Hummel kauft die »Kreuzigung« für seine Villa in Triest. Klinger schreibt an A. Hummel: »Das Bekanntwerden der Wiener Käufe und des Ihren, hat hier eigenthümlich gewirkt. Beschämend ist wohl das richtige Wort. Denn die drei Bilder (Parisurteil, Kreuzigung, Christus im Olymp) gehören wohl zu den ernsthaften Bestrebungen der letzten 20 Jahre, und sie sind ohne spielerische oder geschäftliche Tendenz entstanden, und ihre Aufnahme bei uns dürfte einmal die Grundlage einer Kritik unserer künstl. Verhältnisse sein.«[21]

Im Mai Weiterarbeit am »Beethoven« (s. S. 70–73) in Paris.

Im Dezember Guß des Beethoven-Thrones.

Klinger berichtet A. Hummel: »Ja, der Guß ist erfolgt und zwar in der Nacht vom 2. zum 3. Dez. um 2. Und heut kann ich mit gutem Gewissen sagen er ist sehr schön gelungen. Die Reinigung macht allerdings noch sehr viel Arbeit. Voraussichtlich bis Ende Januar. Die letzten 6 Wochen waren schrecklich aufregend, da in dieser Zeit stete Gefahr war daß irgendein leichter Zufall alle die viele Arbeit zerstören konnte. – Und die ersten Tage nach Aufdecken des Gußes war ich tod-unglücklich. Ich mußte ihn für verfehlt halten da man nichts als die, übrigens nicht zu vermeidenden Unreinlichkeiten des Gusses sah, die durch die Festigkeit der noch anbackenden Form in's hundert fache übertrieben scheinen. Jetzt nach einigen Tagen consequenter Arbeit kommt die Arbeit herrlich heraus, und die paar Accrocs die vorgekommen sind zu repariren ... Und das worauf ich stolz bin – man sieht von A–Z: das war für Bronce gedacht und wirkt als solche. Der Gedanke an Holz oder Stein oder sonst Materiale kommt gar nicht auf. Und der Gießer Bingen hat mit seinen aus Maurern Schlossern und Erdarbeitern improvisierten Gießern wirklich unglaubliches geleistet, und die Kerls haben während 4 Tagen und Nächten vor dem steten feuer und strengen Arbeiten wie die Helden ausgehalten. Während 4 Tagen von früh 7 bis nachts oft bis 4 Uhr! Denn vor dem Guß mußten 1000 Kilo Kupfer, Zinn und Messing legiert werden in 9 Güssen.«[22]

Gleichzeitig arbeitet Klinger an einer Brahms-Büste und läßt einen Bronzeabguß von der Maske des Komponisten machen.

Bronzeguß der Totenmaske Nietzsches von Stöving. Klinger schreibt an Hummel: »Sie sollten die Nietzsche Maske sehen! Tagelang nach dem ersten Sehen riß mich dieser Eindruck herum. Und noch jetzt so oft ich sie sehe stehe ich stundenlang unter dem Bann. Ein Gesicht von so grenzenlosem unaussprechlichen Seelen-Schmerz ohne Verzerrung, ohne Falten, nur das Tiefste an qualvoller Resignation. Seit ich diese Maske gesehen, kann ich nicht mehr an seine Geistesschwäche glauben.«[23] Außer der Porträt-Büste von Friedrich Nietzsche (s. S. 78) entsteht im Auftrag des russischen Pianisten und Liszt-Schülers Alexander Siloti die Porträt-Büste von Franz Liszt (Leipzig, Museum der bildenden Künste).

In der »Illustrirten Zeitung« erscheint ein Artikel über Max Klingers Künstlerwerkstatt:

»...Die Werkstatt, in deren Hauptraum wir hier haben blicken dürfen, bildet nur einen Theil des Klinger'schen Künstlerheims. Es ist vor etwa acht Jahren in Leipzig-Plagwitz auf einem Theil von Areal des elterlichen Grundstücks, nahe am Fluß, unweit des diesen umgebenden herrlichen Laubwaldes, ganz nach den Entwürfen, vor allem ganz für die Bedürfnisse des Künstlers erbaut worden. Der von einem großen Garten umgebene Bau,

Max Klingers Künstlerwerkstatt in Leipzig-Plagwitz nach einer Aufnahme von 1901.

der ein kleineres Atelier für die Bildhauergehülfen, einen Ausstellungsraum, Wohnzimmer und auf dem Dach eine Terasse für Freilichtstudien in sich schließt, ist keins jener prunkvollen Ateliers, wie man sie heutigentags anderwärts vielfach finden kann... Höchstens gewahren wir an dem Wandschmuck, daß der Herr des Hauses gern auch auf Werken anderer, ihm geistig nahestehender Künstler die Blicke schweifen läßt. Wir begegnen Radierungen von Goya, Gemälden von Böcklin u.a. Lithographien von Greiner usw. Außer ihnen finden wir noch eine Anzahl von Werken seiner Hand: Studien und Skizzen, die unverkäuflich sind. Bücherschränke, im großen Atelier ein Flügel usw. bilden die weitere Ausstattung der Räume. Unsere Abbildung zeigt das große Atelier, das ganz nach

Hauptsaal mit Klingers Beethoven. Raumgestaltung von Josef Hoffmann; im Hintergrund »Die sinkende Nacht«, Wandmalerei von Alfred Roller.

dem Wunsch des Künstlers seine Beleuchtung von oben oder von verschiedenen Seiten empfängt, kaum zur Hälfte seiner Größe...«[24]

1902 Im März Vollendung des »Beethoven«, der für einige Tage in Klingers Atelier zur öffentlichen Besichtigung freigegeben wird.
Im April Ausstellung des Monuments auf der 14. Wiener Sezession. Aus dem Vorwort des Katalogs: »Im Sommer des vergangenen Jahres faßte die Vereinigung den Beschluß, die gewohnten wiederkehrenden Bilderausstellun-

Blick auf den Haupteingang des Hauptsaals mit der Wandmalerei »Der werdende Tag« von Adolf Böhm.

gen durch eine Veranstaltung anderer Art zu unterbrechen... Ein einheitlicher Raum sollte vorerst geschaffen werden und Malerei und Bildhauerei diesen im Dienste der Raumidee dann schmücken ... die leitende Idee, die unserem Unternehmen Weihe und das bindende Element geben sollte, bot sich uns in der Hoffnung, ein hervorragendes Kunstwerk zum Mittelpunkt der Ausstellung machen zu können... Das Beethovendenkmal von Max Klinger ging der Vollendung entgegen. Diese eine Hoffnung, der ersten und herrlichen Huldigung, die Klinger dem großen Beethoven in seinem Denkmale darbringt,

eine würdige Umrahmung zu schaffen, genügte jene Arbeitsfreude zu erzeugen, die trotz des Bewußtseins, daß man nur für wenige Tage schaffe, dauernde Hingabe an die gestellte Aufgabe ins Leben rief... Und so mag diese Ausstellung eine Huldigung für Max Klinger sein, der durch seine schöpferische Tätigkeit wie auch durch das Wort Klarheit in unsere Kunstanschauungen gebracht hat.«[25]
Klinger reist anläßlich der Ausstellungseröffnung nach Wien. Ludwig Hevesi schildert die euphorische Stimmung, die der »Beethoven« in Wien entfacht: »... Ich treffe auf dem Opernring einen Kunstfreund. Er kommt natürlich aus der Sezession, wo er alle Hebel angewendet hat, um einen Blick ins Allerheiligste werfen zu dürfen. Vergebens. Das ist luftdicht, hermetisch. Er erbot sich schließlich, den Beethoven zu kaufen, aber man glaubte ihm nicht recht, und auch das nützte nicht. Dennoch blieb er ziemlich lange im Hause. Er hörte nämlich mächtige Posaunenklänge, die den neuerbauten Beethoventempel Josef Hoffmanns erfüllten. Auf der Empore des linken Seitenschiffes stand gerade Direktor *Mahler* (Gustav Mahler, damals Direktor der Wiener Hofoper) mit seinen Blechleuten und probiert mit Macht ein Motiv aus der ›Neunten‹, das er für Posaunen arrangiert hatte. Abends, vor dem Klinger-Bankett im Grand Hotel, wird nämlich ein ganz privater Willkomm in der Sezession stattfinden. Die Mitglieder (unter ihnen Gustav Klimt, Emil Orlik etc.) werden ihren geliebten Gast feierlich begrüßen und jene Klänge Beethovens werden ihm entgegenrauschen... Sicher ist, daß man in keiner ... Kunstausstellung eine so gehobene Stimmung gesehen hat.«[26]
Eine Erinnerung von Felix Salten an dieses Ereignis: »Dieses Werk des Leipziger Künstlers wurde gleichfalls

»Beethoven: Hab ich Dich endlich! Na wart Du Symphonieverhunzer!« Karikatur aus Kikeriki, *Nr. 33, 1902, letzte Seite. Anspielung auf die von Gustav Mahler bei einer Aufführung der 9. Symphonie vorgenommenen Instrumentations-Retouchen (Verstärkung der Bläser).*

stürmisch bejubelt und rasend geschmäht... Wohl bestand damals die Hoffnung, den Klingerschen Beethoven für Wien zu erringen. In diesem Werk schien das Kunstgefühl der jungen Generation, der Schönheitstraum einer jugendlichen Epoche über Erwarten erfüllt... In den

»Dem Mann kann geholfen werden«. Karikatur aus Kikeriki, *Nr. 36, 1902, Titelseite. Die Titelfigur des Witzblattes kommt dem von Leibesnöten geplagten Beethoven zur Hilfe.*

Ministerien, im Rathaus, in den Salons, in den Redaktionsstuben, in den Klubs und an den Stammtischen ging wochenlang hitziges Streiten, Debattieren und Intrigieren vor sich. Die einen suchten um alles in der Welt den Ankauf... durchzusetzen, der verhältnismäßig billig zu haben war. Die anderen behaupteten, dieser Beethoven wäre der schnödeste Verrat an der Kunst. Und sie waren die Mächtigeren.«[27]

Anschließend wird der »Beethoven« in Düsseldorf und Berlin gezeigt.

Ankauf durch das Leipziger Museum im Juli, das einen Sonderbau zur Aufstellung des Bildwerks plant.

Max Klingers Weinberghaus in Großjena.

1903 Klinger erwirbt ein Weinberghaus in Großjena bei Naumburg.
Wird neben Liebermann, Uhde und Kessler zum Vizepräsidenten des Deutschen Künstlerbundes gewählt, der am 15. Dezember in Weimar gegründet worden ist.

1904 Ende April Aufenthalt in Italien zwecks Marmorkaufs für das »Brahmsdenkmal«.
Das Leipziger Museum erwirbt die »Blaue Stunde«. Der französische Bildhauer Bartholomé besucht Klinger in Leipzig. Klinger berichtet:
»Dann aber als Bestes besuchte mich vorgestern Bartholomé und Frau! Und ich konnte mit ihm einen halben Tag durch Leipzig stolzieren. Er war sehr offen und sagte

heraus was er meinte... Er war sehr freundlich auch bei meinen Sachen. Als franzosen war ihm meine politische Behandlung nicht durchaus sympathisch, doch erkannte er deren consequente Durchführung an und zu meiner Freude fand er die Drama Gruppe am besten. Manches interessantes Urtheil in der Galerie, Böcklin nicht sein Fall, Uhde sehr, auch Thoma und Haider, in somma fand ich, daß unsere Urtheile im Ganzen parallel liefen und so verstand man sich recht gut.«[28]

Im November stirbt Klingers Mutter.

Briefwechsel mit Rodin, der ihm einige Zeichnungen zueignen will, weil Klinger ihm Käufer vermittelt hatte. Rodin plant einen Besuch bei Klinger in Leipzig, der aber nicht zustande kommt.

Vollendung des »Dramas« in Marmor (s. S. 74/75).

1905 Der Deutsche Künstlerbund schließt sich dem Vorschlag Klingers an, ein Atelierhaus in Florenz zu gründen. Klinger realisiert neben anderen das Vorhaben. Henry van de Velde ist unter den ersten Stipendiaten.

Anläßlich der Einweihung des Neuen Rathauses in Leipzig hat Klinger einen »Silbernen Tafelaufsatz« (s. S. 49) gearbeitet.

Außerdem Vollendung der Porträt-Büste von Georg Brandes (Leipzig, Museum der bildenden Künste).

1906 Trennung der Villa Romana vom Deutschen Künstlerbund. Klinger wird Vorsitzender des neugegründeten Villa-Romana-Vereins. (Den Villa-Romana-Preis erhalten u.a. Max Beckmann, Käthe Kollwitz, Willy Geiger.)

Fertigstellung des Sonderbaus am Leipziger Museum nach Entwürfen Klingers, der für die Aufstellung des

Blick in den Ausstellungssaal des Leipziger Kunstvereins 1907; vorn der Tafelaufsatz.

»Beethoven« und anderer plastischer Werke Klingers bestimmt ist.
Auszeichnungen: Medizinische Ehrendoktorwürde der Universität Greifswald, philosophisches Ehrendoktorat der Universität Königsberg, Ritter des Ordens pour le mérite, bayrischer Maximiliansorden für Wissenschaft und Kunst, hoher Sachsen-Weimarischer Orden, Komtur des sächsischen Albrechtsordens, Ehrenmitglied der Dresdner und Stockholmer Akademie.

1907 Seinen 50. Geburtstag verlebt Klinger in Wien. Zu Ehren Klingers findet eine umfassende Ausstellung seines Werkes im Leipziger Kunstverein statt.
Reise nach Spanien, Besuch im Prado. Klinger schildert:

»Die spanische Reise war ein einziger Zauber... von Landschaft, Architektur Menschen Kunst und Stimmung... Und der Prado.
Du kennst Ribera noch nicht trotz Paris und Dresden. Du kennst Goya noch gar nicht und vor allem Velasquez. Der ist das wahre und einzige geistige Gegengewicht zu Michel-Angelo, Tizian, und Lionardo. Eindrücke wie Erdstöße!«[29]
Freundschaft mit Max Reger, der als Universitätsmusikdirektor nach Leipzig berufen worden ist.
Im September Reise nach Tirol, um Marmor für das »Wagnerdenkmal« zu kaufen.
Herausgabe von »Epithalamia«, Photogravüren nach Umrahmungen in Federzeichnung von Max Klinger mit einem Text von Elsa Asenijeff.

1908 Max Reinhardt beauftragt Klinger mit dem Bühnenbild zu Shakespeares »Macbeth«. Die Arbeit bleibt unausgeführt, da Klinger frühzeitig merkt, daß ihm die Gestaltung einer Bühnendekoration nicht liegt.
Vollendung der Porträt-Büste von Wilhelm Wundt (Leipzig, Museum der bildenden Künste).

1909 Erweiterung des Besitzes in Großjena durch den Kauf eines angrenzenden Grundstücks, auf dem Klinger eine Villa errichten will.
Fertigstellung des Wandbildes »Die Blüte Griechenlands« (Kriegsverlust) für die Aula der Leipziger Universität, die ihr 500jähriges Jubiläum feiert. Zur Anerkennung wird Klinger zum sächsischen Geheimen Hofrat ernannt.
Vollendung des 1885 begonnenen Radierwerkes »Vom Tode II« (Opus XIII) (s. S. 152–159).

Wiederholung des Vorzimmers für die Villa Albers in Berlin auf der Großen Kunstausstellung Dresden 1912.

1910 Im Januar wird er mit der Errichtung des »Abbedenkmals« in Jena beauftragt.
Richard Strauß ist bei Klinger in Leipzig zu Gast.

1911 Ernst Abbe zu Besuch bei Klinger in Großjena. Im September Einweihung des »Abbedenkmals«. Entwurf für das Grabmal einer Leipziger Familie.

1912 Gründung des Vereins »Leipziger Jahresausstellung« (LIA) unter dem Vorsitz von Klinger. Noch im selben Jahr findet die erste Ausstellung der LIA im Städtischen Kaufhaus in Leipzig statt.
Für den Leipziger Bibliophilen-Abend erscheint eine bibliophile Ausgabe von Dehmelschen Gedichten, für die Klinger drei Zeichnungen auf dem Holzstock angefertigt hat.

Auf der Dresdener Sonderausstellung monumental-dekorativer Kunst zeigt Klinger eine erweiterte Neufassung des Vestibüls der Villa Albers.

1913 Zum 100. Geburtstag Richard Wagners Grundsteinlegung zum Wagnerdenkmal in Leipzig, das unausgeführt bleibt. Klinger beschreibt die Festlichkeiten anläßlich dieses Tages: »Hier war inzwischen der Ausstellungsteufel und der Richard-Wagner-Teufel dazu los. ›Eroffnung‹ ›Grundsteinlegen‹ ›Eröffnen‹ – Na heut bin ich ausgerissen. Gestern: Jesong, lange Rede, Klopfen, Kaisermarsch denn Neunte bis $^{1}/_{2}$ 3 vorher 1 stündige, überdies vorgezeichnete Rede von A. Köster dann von 6–$^{1}/_{4}$ 12 Meistersinger. Die letzte Stunde habe ich mich gewunden mit innerlichen und äußerlichen Schmerzen... Die Neunte habe ich noch nie so schön gehört. Soviel Neues darin, Klang- und Entwicklungs-Phasen daß man den Raum der Entwicklung fühlt Riesenentfernungen, fast Farben, und dabei immer festes selbstverständlich scheinenderes fast tastbares Weiterwachsen der einzelnen Gedanken... *Danach* kamen mir die Meistersinger wie ein ›Moderner-Renaissance-Bierpalast‹ vor Und ob schöne Sachen drin sind!«[30]
Brunnenentwurf für die Stadt Naumburg (Bronzeabguß: Hamburg, Museum für Kunst und Gewerbe).

1914 Kriegsausbruch.
Klinger kritisiert den Ausschluß Ferdinand Hodlers aus den deutschen Kunstvereinigungen. (Hodler hatte den Genfer Protest gegen die Beschießung der Kathedrale von Reims durch die Deutschen mitunterzeichnet.)

Max Klinger vor dem Sockel des Richard Wagner-Denkmals nach einer Aufnahme um 1913.

Klinger gibt eine Mappe mit hervorragenden Reproduktionen seiner Studien und Zeichnungen im Licht- und Steindruckverfahren heraus.

1915 Arbeit an der Porträt-Büste von Richard Strauß. Klinger berichtet darüber in einem Brief: »Strauß hat mir heut gesessen bis 12 und dann spielte er zwei erste Akte aus seiner neuen Oper. – ... *Wie* er Clavier spielt. Nicht conservatorienmäßig ›propper‹ aber Kerl in jedem Finger... Und dann sah er während des Spieles ganz anders aus, als so, selbst wie er animiert sprach.«[31]

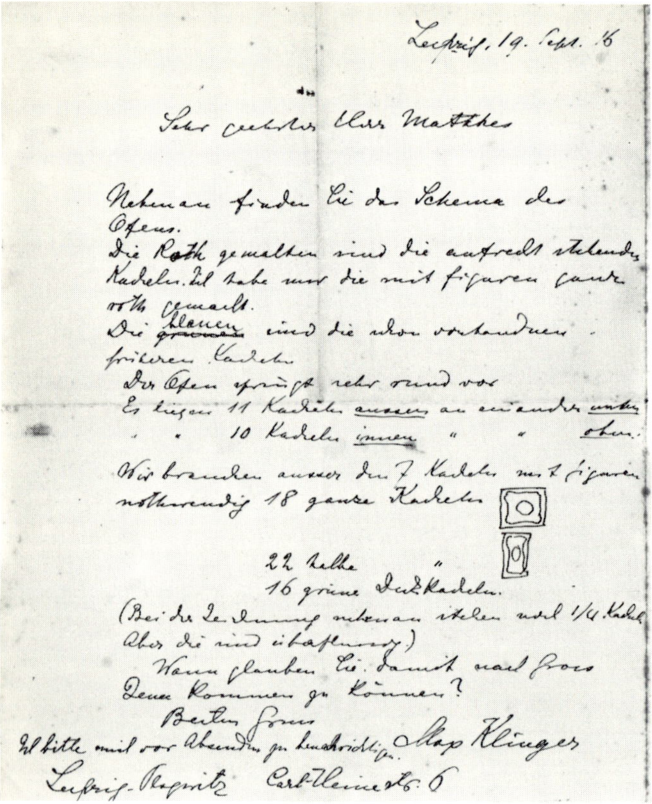

Leipzig, 19. Sept. 16

Sehr geehrter Herr Matthes

Nebenan finden Sie das Schema des Ofens.
Die Roth gemalten sind die aufrecht stehenden Kacheln. Ich habe nur die mit figuren ganz roth gemalt.
Die ~~grauen~~ blauen sind die schon vorhandenen früheren Kacheln.
Der Ofen springt sehr rund vor
Es liegen 11 Kacheln aussen an einander unten
" " 10 Kacheln innen " " oben.

Wir brauchen ausser den 7 Kacheln mit figuren nothwendig 18 ganze Kacheln
22 halbe "
16 grüne Deckkacheln.
(Bei der Zeichnung nebenan stehen wohl 1/4 Kachel, aber die sind überflüssig.)
Wann glauben Sie damit nach Gross Jena kommen zu können?
Besten Gruss
Ich bitte mich vor Abends zu benachrichtigen. Max Klinger
Leipzig-Plagwitz Carl-Heine-Str. 6

Handschreiben Max Klingers

1916 Tod des Komponisten Max Reger. Auf Wunsch der Witwe zeichnet Klinger den Freund auf dem Totenbett. Arbeit an Kacheln für die Öfen des Weinberghauses. Vollendung der Radierfolge »Das Zelt« (Opus XIV). (Während der Arbeit daran schreibt er: »Märchen ohne Worte… Beim kleinsten Zipfel von Wort

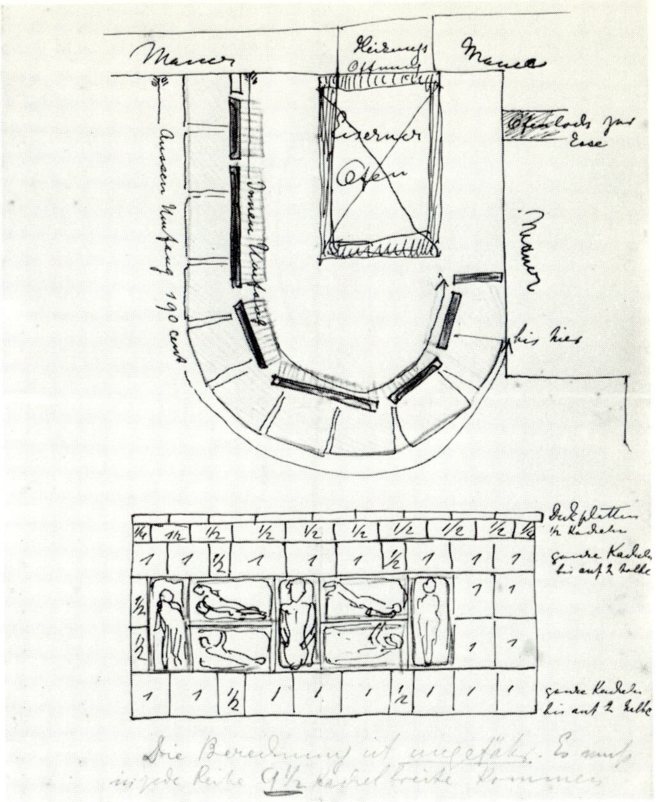

Entwurf zu einem Kachelofen für das Weinberghaus in Großjena.

geht mir die Phantasie aus, ich will ja auch nur ein Märchen erzählen – und zwar ein richtig gehendes... Sengen, ein bißchen Morden und ordentlich Lieben und Liebenlassen und das alles in einer schönen Gegend, bei allerhand Wetter ... und dabei weiß ich noch gar nicht, wie es zu Ende geht.«[32])

1917 Ausstellung von Klingerschen Zeichnungen aus den Jahren 1871–1886 im Rahmen der Leipziger Jahresausstellung im Kunstsalon Beyer und Sohn in Leipzig.

1918 Ankauf der »Kreuzigung« aus dem Nachlaß Alexander Hummels für das Museum der Stadt Leipzig.
Vollendung des Wandgemäldes »Arbeit, Wohlstand, Schönheit« für den Abgeordnetensaal des Chemnitzer Rathauses (Karl-Marx-Stadt). Klinger radiert den »Ehrenbürgerbrief für den Leipziger Bürgermeister Dittrich«.

1919 Am 12. Oktober Schlaganfall mit rechtsseitiger Lähmung.
Im November melden verschiedene Zeitungen den Tod Klingers, der daraufhin seinen eigenen Nekrolog zu Gesicht bekommt.
Im selben Monat Vermählung mit Gertrud Bock.

1920 Übersiedlung nach Großjena.
Am 4. Juli stirbt Klinger in seinem Weinberghaus. Einen Tag später Abnahme der Totenmaske durch Johannes Hartmann. Am 8. Juli findet die Trauerfeier in Großjena statt, wo Klinger seinem Wunsch entsprechend auf dem eigenen Besitz unter seiner übergroßen Statue eines Athleten die letzte Ruhestätte findet.
(Die Bronzefigur des kauernden Mannes, der mit einer halb rückwärts gewandten Bewegung nach oben blickt, ist in Klingers unvollendeter Gruppe »Genie und Leidenschaft« vorgebildet, zu der die Figur eines stolz aufrechtstehenden Weibes mit den Zügen der Asenijeff gehört, das den Fuß auf die Gurgel des Mannes gesetzt hat.[33])
Käthe Kollwitz nimmt an der Beisetzung Klingers teil und

Max Klingers Atelier nach einer Aufnahme von 1920. Im Hintergrund die Modelle zum »Wagnerdenkmal« und zu »Genie und Leidenschaft«.

schreibt darüber: »Mein Geburtstag, zugleich Begräbnistag Max Klingers. Ich fahre am 8. früh im Auftrag der Freien Sezession herüber... In der Stube im Souterrain, wo Klinger sicher viel gesessen und getrunken hat, sitzen die, die reden wollen. Der alte Kalckreuth setzt sich schon zu mir. Klingers Tod hat ihn erschüttert... Er liebte Klinger von Herzen als alten treuen Freund. An seinem Grab Reden von Leipziger und Dresdener Abgesandten. Als vierter sprach ich. Zu meiner Freude hatte ich keine Angst und Befangenheit. Drüben am Grabe stand Kalckreuth, ich sprach auch zu ihm. Ich dankte Klinger ganz von Herzen, denn ich hab ihm *viel* zu danken.«[34]

Werkteil[35]
Skulpturen

1 Die Neue Salome. Bez. ehem. an der rechten Hüfte: MK 93 (die in Golddraht eingelegte Signatur wurde entfernt). Kopf, Bruststück und Hände pentelischer, Gewand hymettischer, Jünglingskopf blau getönter carrarischer, Kopf des Alten afrikanischer Marmor, Augen der Salome und des Jünglings Bernstein. Sockel schwarzer belgischer, Würfeluntersatz Pyrenäenmarmor. Höhe der Figur ohne Sockel 88,0, Gesamthöhe 104,0. Leipzig, Museum der bildenden Künste.[36]
Als unmittelbare Anregungen wirkten Flauberts Novelle »Herodias« aus den »Trois contes« (1877) und eine Pariserin, deren Bildnis aus dem Jahre 1885 zum Vorbild für die Plastik der »Neuen Salome« wurde. 1887 war die erste Fassung in bemaltem Gips vollendet. 1892 begann Klinger die Ausführung in verschiedenfarbigem Marmor. In seinen letzten Lebensjahren arbeitete er an einer Neufassung in weißem Marmor. Von dem Kopf, aber auch der gesamten Figur kamen Bronzegüsse in zwei verschiedenen Größen in den Handel.

»Das Urbild der Neuen Salome«,
Bleistiftzeichnung von 1885.

2 Kassandra. Unbez. Vollendet 1895. Kopf carrarischer Marmor, Arme pentelischer Marmor, Gewand italienischer Alabaster, Augen Bernstein, Sockel roter nassauischer Marmor, Würfeluntersatz pyrenäischer Marmor. Höhe der Figur ohne Sockel 93,5, Gesamthöhe 115,5. Leipzig, Museum der bildenden Künste.[37]

1886 begann Klinger mit der Arbeit an der »Kassandra«. Ein besonders schönes Stück Seravazza-Marmor hatte ihn derart begeistert, daß er den Kopf zu der Figur ohne Modell frei aus dem Block haute. Die übrigen Teile entstanden erst um 1894. Ende 1894 wurde in Paris das Bronzeband gegossen, das die Nähte zwischen Hals und Schulter verdeckt. 1895 nahm Klinger die Bemalung der Skulptur vor und schrieb darüber an Max Lehrs: »Die Cassandra geht ihrem Ende entgegen. Die Malerei hat schon begonnen, ist sehr schwierig und bringt eine Menge Bildhauer-Fehler zur Erscheinung, was ich immer denen zu sehen gönnte die behaupten, mit der Malerei vedecke man nur Fehler.«[38]

Von dem Kopf, aber auch der gesamten Figur kamen Bronzegüsse in zwei verschiedenen Größen in den Handel.

Die »Kassandra« war ursprünglich als schreitende Ganzfigur geplant,

Entwurf zur »Kassandra«, Bleistiftzeichnung.

wobei die psychische Aufregung der mystischen Seherin in physische Bewegung umgesetzt werden sollte. Vorzeichnungen spiegeln das Heranreifen der künstlerischen Konzeption wider, die ihren Höhepunkt in der ausgeführten Fassung erlebt, bei der Klinger die innerliche Erregung bei heroisch äußerlicher Ruhe darzustellen versucht und damit dem im antiken Epos und griechischen Drama dargestellten Frauentypus nahekommt. Die trojanische Priesterin ist als Gegenstück zu der grausam-lüsternen Salome, der Verkörperung des modernen Frauentypus im Sinne der Zolaschen »Nana«, aufzufassen.

3 Badende, die sich im Wasser spiegelt. 1896/97. Bez. am Baumstamm: MK. Laaser Marmor, durch Resorcin getönt, Haar ehem. vergoldet. Höhe 152,0. Leipzig, Museum der bildenden Künste.[39]

Das Standmotiv ist bereits in der Sockelfigur »Reue« am »Christus im Olymp« vorgebildet. Modell war Helene Donath. Von der gesamten Figur kamen Bronzegüsse in zwei verschiedenen Größen in den Handel.

Im Unterschied zur »Salome« und »Kassandra« ist nicht die seelische Charakteristik eines bestimmten Frauentypus Ausgangspunkt für die plastische Gestaltung, sondern der nackte weibliche Körper. Der Stellung der »Badenden« liegt eine bewußte Konstruktion zugrunde. Klingers Bestreben war, eine geschlossene Rundfigur zu schaffen, bei der alle körperlichen Funktionen Bewegungsmöglichkeiten andeuten bzw. alle Formen des Körpers in Bewegung aufgelöst werden. Jeder Punkt der Plastik ist genau durchgebildet und besitzt eigene Individualität.

Sockelfigur »Reue« des »Christus im Olymp«.

4 Amphitrite. 1898. Bez. MK. Marmor. Augen Bernstein. Haare braun bemalt, von einem goldenen Netz zusammengehalten. Augenbrauen, Nasenlöcher, Lippen und Gewand getönt. Höhe 178,0. Berlin (Ost), Nationalgalerie.

Die Figur verdankt ihr Entstehen einer Treppenstufe, die Klinger im Hafen von Syra fand. Die Begrenzung des Blocks ließ eine Ausführung der Arme nicht mehr zu. Bei der Durchbildung des Gewandes mag Klinger an das Wort Goethes, daß die antike Kleidung das tausendfache Echo der menschlichen Gestalt sei, gedacht haben.[40] Der fein durchgebildete Kopf ist von moderner, herausfordernder Eigenart.

Gewandmotiv zur »Amphitrite«.

5 Schlafende. 1900. Unbez. Marmorrelief. Höhe 58,5. Dresden, Skulpturensammlung.
Es gibt mehrere Fassungen von dem Relief, abgebildet ist die erste. Klingers sinnliches Verhältnis zum Material und sein Vermögen, die Variationsbreite desselben auszuschöpfen, kommt in der zweiten Fassung von 1902 (ehem. Sammlung Hirzel) zum Tragen (s. S. 38).
6 Kauernde. 1900/01. Bez. auf dem Sockel: MK. Marmor. Höhe 80,0, Breite 45,0, Länge 75,0. Wien, Privatbesitz.
Aus einem in der Via Nazionale, Rom, ausgegrabenen antiken Bruch-

stück. Inwieweit Klinger die Möglichkeiten, die ein Block bietet, bis ins letzte ausschöpft, zeigt die »Kauernde«, deren eigentümliche Stellung die Enge des Steins noch nachempfinden läßt. Wieder ist es Klingers Bestreben, das mannigfaltige Formenspiel des menschlichen Körpers wiederzugeben. Wie bei der »Badenden« sind die Arme des Mädchens so angeordnet, daß sie den Körper wenig überschneiden und anmutige Partien nicht verdeckt werden. Die Ausführung des Kopfes wurde zuletzt vorgenommen. Als Vorbild diente ein Studienkopf, von dem es auch einen Bronzeabguß gibt.

7–10 Beethoven. Vollendet 1902. Bez. am linken unteren Rand des Thronrückens: MK (Monogramm) MCM (Vollendung des Gußmodells) und P. Bingen f. (Name des Pariser Gießers). Oberkörper und Füße der Beethoven-Statue griechischer Marmor aus Syra, Gewand Laaser Alabaster, Felssockel und Adler Pyrenäenmarmor, Augen des Adlers Bernstein, Krallen Bronze; Thron Bronze, Engelköpfe am oberen Thronrand Elfenbein, Mosaikstreifen zusammengesetzt aus antiken Glasflüssen, Achaten, Jaspis und Perlmutter, unterlegt mit Goldfolie. Höhe der Figur von der Plinthe bis zum Scheitel 150,0. Höhe des Thronrückens 155,0. Gesamthöhe des Bildwerks 310,0. Leipzig, Museum der bildenden Künste.[41]

Äußerung Klingers zu dem Entwurf: »Der Beethoven entstand genau so in allen Details wie er jetzt ist, nur in anderen Proportionen und anderem Material ($^2/_3$ Lebensgröße bestehend aus bemaltem und vergoldetem Gips) bereits 1885 in Paris und der dort fast ganz fertig gemachte und gemalte (stramm farbige) Entwurf wurde 1887 oder 1888 auf der Berliner großen Kunstausstellung refusiert. Zu dieser Zeit existierte der Victor Hugo und der Denker von Rodin noch gar nicht. Die Idee kam mir eines schönen Abends in Paris am Klavier, und so farbig bestimmt und deutlich, wie nur ganz wenige Sachen: die Haltung, die Faust, das rote Gewand, der Adler, der Sessel, die Falten – sogar die Goldlehnen.«[42]

Die Ausführung in Stein und Bronze begann Klinger im Frühjahr 1897. Im Juli 1900 war die Arbeit am Thronsessel so weit vorangeschritten, daß der Wachsausguß in Angriff genommen werden konnte. In der Nacht vom 2. zum 3. Dezember 1901 erfolgte schließlich der Guß in Bronze, für den 1000 kg Kupfer, Zinn und Messing legiert werden mußten (s. S. 39). Ende März 1902 war der »Beethoven« zusammengesetzt in Klingers Werkstatt zu besichtigen. Die Außenflächen der Rücken- und Seitenlehnen des Thronsessels sind durch Palmenstämme in drei Felder geschieden, auf denen links (8) die Gruppe der Tantaliden, rechts (9) der Sündenfall und in der Mitte (10) oben die Kreuzigung Christi, unten Aphrodite auf der Muschel stehend dargestellt sind; die herbeieilende Gestalt des Johannes verbindet die beiden Felder auf der Rückenlehne. Die Engelköpfe an der Thronlehne sind nach einem Kinderbildnis Elsa Asenijeffs gearbeitet. Sie wurden in Bronze nach Wachsmodell gegossen und später von einem Schnitzer in Paris in afrikanischem Elfenbein ausgeführt. Im Felsen unter dem Thron waren ursprünglich die Worte aus Faust II: »Der Einsamkeit tiefste schauend unter meinem Fuß« eingemeißelt. Beethoven ist für Klinger der Heros, in dessen Schaffen sich hellenische und christliche Weltanschauung vereinigen. Bezeichnend ist die in dem Monument

verankerte Identifikation mit dem eigenen Künstlerdasein. So schrieb Klinger während seiner Arbeit an der Beethovenmaske: »Du darfst nicht Mensch sein, für dich nicht, nur für andere, für dich gibt's kein Glück mehr als in dir selbst, in deiner Kunst.«[43] Zwei Jahre später distanzierte sich Klinger von seinem kostbarsten Bildwerk: »Ich bin sehr verkatert. Jetzt hier eine sehr schöne Rodin-Ausstellung, viele Originale in Bronce und Marmor. Unter anderem der ›Denker‹ in Bronce. Mein Beethoven kommt mir da gräulich (sic) spielig daneben vor.«[44]

Eine von Klinger überarbeitete Marmorkopie des Beethoven-Torsos ist heute im Museum of Fine Arts in Boston, ferner existieren vom Torso verkleinerte Abgüsse in Bronze.

(Zur Ausstellung des »Beethoven« auf der 14. Wiener Sezession s. S. 42–46).

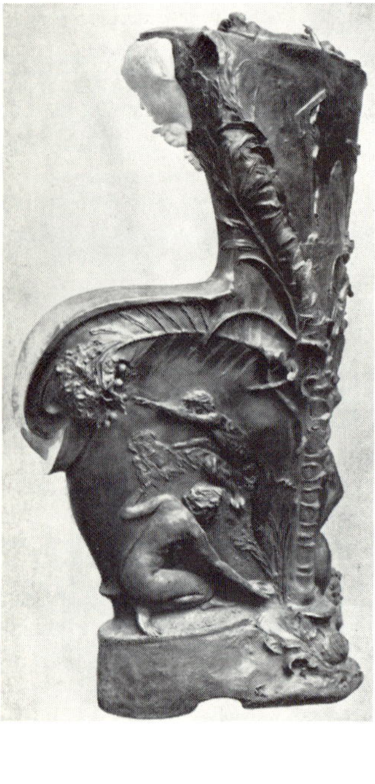

11 Drama. Vollendet 1904. Laaser Marmor. Dresden, Skulpturensammlung.
Angeregt durch den Verzweiflungskampf der Buren in Afrika (ursprünglich wollte Klinger die Worte »Belli Boerum Imago« als Inschrift in den Block meißeln) schuf der Künstler seine erste Gruppe: einen Athleten, der im Begriff ist, einen Ast vom Baum zu reißen, um sich und das »schwache Geschlecht« gegen einen unsichtbaren Gegner zu verteidigen. 1899 war das Modell zum »Drama« auf der internationalen Kunstausstellung in Dresden zu sehen. Noch im selben Jahr wurde das Werk von der Tiedge-Stiftung für die Sammlung des Dresdener Albertinums zur Ausführung in Marmor bestellt. Die 1904 vollendete Skulptur weicht vom Modell darin ab, daß an der Schmalseite eine zweite jüngere Frauengestalt hinzugefügt ist, die die Verwundete stützt.

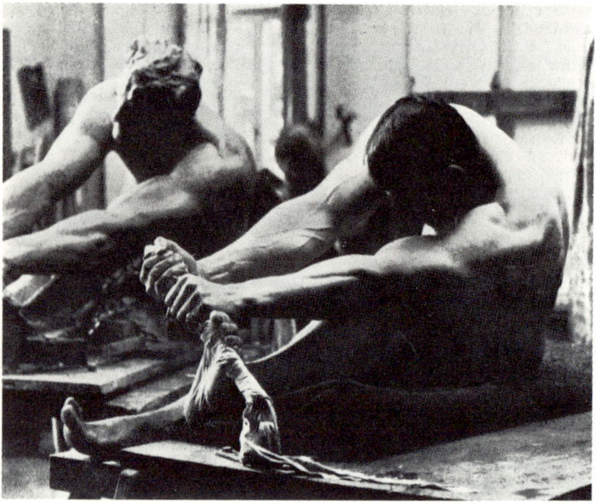

Modell Athlet Rasso.

12 Brahmsdenkmal. 1905–1909. Seravazza-Marmor. Höhe 300,0. Hamburg, Musikhalle.

Schon vor der eigentlichen Auftragsvergabe hatte sich Klinger mit dem Gedanken eines Brahmsdenkmals bschäftigt, wie aus einem Brief an A. Hummel vom 29.9.1901 hervorgeht: »Die Nachricht aus Hamburg ... traf in den Tagen ein, als ich die Maske Brahms' hier beim Gießer für Bronce vorbereitete – auch hatte ich mich ja schon längst auf eigene Hand mit Absichten getragen –! Nun, es ist ja noch nicht alles so complet wie es in den Zeitungen steht – aber es kann sich machen.«[45]

Im März 1904 kam es zum Vertragsabschluß. Für die Arbeit am Denkmal (Brahms umgeben von seinen Musen), das an Rodins »Balzac« erinnert, brauchte Klinger 4 Jahre. Über die Aufstellung in der Musikhalle äußerte sich Klinger in einem Brief an Lichtwark vom 30.4.1909 sehr positiv: »Als Autor soll man ja keine Meinung haben über eigene Sachen, aber ich finde ihn dort brillant aufgestellt. Noch selten ist es mir passiert, daß ich ohne Kater von einer meiner Sachen wegging. Aber hier doch!«[46]

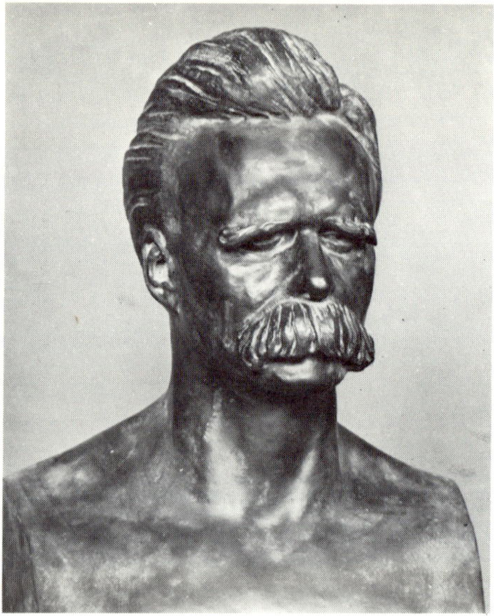

13 Nietzsche-Büste. 1904. Bez.: M. Klinger fec. Bronze. Höhe 64,0. Frankfut/M., Städel.

Über die Entstehung und Anregung zu dieser Arbeit gibt ein Brieffragment von 1901 im Stadtarchiv Naumburg Auskunft: »Die Aufforderung kam mir durch Vermittlung einiger dem Weimarer Archiv nahestehenden Herren von hier durch Frau Dr. Förster-Nietzsche selbst. Es wurde sofort ein Tag resp. Tage festgesetzt, doch bat mich Frau Dr. F. N. kurz vor Antritt meiner Reise, lieber zu warten, da im Befinden des Kranken eine Krise eingetreten sei. Als dann Besserung eingetreten, traten für mich Hinderungen ein, die zum Aufschieben des Versuches nötigten, leider! – denn kurze Zeit darauf war Nietzsche nicht mehr. Auch dann noch waren die Umstände ungünstig. Eine nach Leipzig gerichtete Aufforderung, die Maske Nietzsches zu nehmen, traf mich völlig verspätet in Paris. Es ist ein Glücksfall gewesen, daß Curt Stöving den Entschluß faßte und ausführte, die Maske abzunehmen. Wir wären sonst um ein tragisches Todtenantlitz ärmer, und müssen Stöving Dank wissen.«[47] Als Studienmaterial standen Klinger außerdem eine große Anzahl von Photographien zur Verfügung. Die Gestaltung hat ihn außerordentlich beschäftigt, wie an verschiedenen Fassungen abzulesen ist. (s. auch S. 40)

Malerei[48]

14 Überfall an der Mauer. Bez. r. u.: M.Klinger 1878. Öl auf Holz. 37,0 × 86,0. Berlin (Ost), Nationalgalerie.
Das Bild wird in der Literatur auch »Spaziergänger« oder »Rote Mauer« genannt. Die zeitgenössische Genreszene, die den Überfall eines Spaziergängers durch ein paar Wegelagerer in einem Vorort Berlins zum Inhalt hat, entstand unter dem Eindruck der Berliner Lehrjahre, als Klinger Schüler von Gussow und Bewunderer Menzels war. Hauptmoment des Bildes ist die Wiedergabe der Spannung, die in den zweifelhaften, den Spaziergänger bedrohenden Gestalten und dem diesen gegenüberstehenden Spaziergänger selbst ausgedrückt liegt.

15 Gesandschaft. Bez. l. u.: Max Klinger Opus II 1882. Öl auf Holz. 37,0 × 63,0. Leipzig, Museum der bildenden Künste.
Eine eher graphisch als malerisch empfundene Szene erotischen Inhalts.

16 Abend. Bez. l. u.: Max Klinger 1882 Opus III. Öl auf Leinwand. 76,0 × 126,5. Darmstadt, Hessisches Landesmuseum.
Der »Abend« ist die malerische Umsetzung einer 1878 entstandenen Vignette für die Einladungskarte zum »Ball der Studierenden«. Klingers späteres Hauptanliegen, die Darstellung der Figuren und Körper im freien Licht als farbig-plastische Erscheinung im Raum, findet sich in diesem Bild vorgeformt. Doch noch ist es die Linie, die die Geschlossenheit des Ganzen herstellt.

17–20 Wandmalereien für die Villa Albers.
1883 erhielt Klinger seinen ersten großen Auftrag, die Malereien für die Villa Albers in Steglitz bei Berlin auszuführen. Albers war ebenso wie Klinger ein großer Verehrer Böcklins und wahrscheinlich dachten beide daran, die Villa im Sinne Böcklins zu dekorieren. Für den Schmuck boten sich vier schmale Wandfelder, die Kaminecke, die Sockelfelder, fünf Türen und der am besten beleuchtete Deckenfries an. Ähnlich wie Böcklin, der in seiner Raumdekoration für die Villa Wedekind verschiedene Zeitalter veranschaulichte, wählte Klinger für die vier hohen Wandfelder Landschaften, die als Repräsentationen der Weltalter aufzufassen sind. Darüber verlief ein zehnteiliger Meeresfries in der Art Böcklinscher Meeresidyllen. Zu dem auf farbiger Stimmung aufgebauten Dekorationsprogramm gehörte auch die Aufstellung zweier weiblicher Hermenbüsten, die von Artur Volkmann ausgeführt und von Hermann Prell bemalt wurden. Schon kurz nach der Vollendung der Klingerschen »Raumkunst« zeigte sich, daß das Haus vom Schwamm befallen war, und die Dekorationen mußten herausgelöst werden.
Auf der Großen Kunstausstellung in Dresden 1912 zeigte Klinger eine erweiterte Neufassung des Vestibüls (s. Seite 51).

17 Meergötter in der Brandung. 1884/85. Unbez. Öl auf Leinwand. 51,0 × 99,5 (obere Ecken abgeschrägt). Hamburg, Kunsthalle.

18 Brandung. 1884/85. Unbez. Öl auf Leinwand. 51,0 × 102,5 (obere Ecken abgeschrägt). Hamburg, Kunsthalle.

19 Sommerlandschaft. 1884/85. Unbez. Öl auf Leinwand. 192,5 × 92,8. Hamburg, Kunsthalle.
Der Landschaft liegt ein Motiv bei Meißen zugrunde.

20 Felsschlucht. 1884/85. Unbez. Öl auf Leinwand. 194,5 × 98,5. Hamburg, Kunsthalle.
Motiv: »Tempio di Vesta« (della Sibilla) in Tivoli oberhalb des Tals der Aniene.

21 Urteil des Paris. 1885/87. Bez. auf dem Mittelbild l. u.: Max Klinger MDCCCXXXV-VII. Öl auf Leinwand, Umrahmung in Holz und Gips. 320,0 × 720,0 inkl. Rahmen. Rahmendekor: links Satyrkopf, Mitte Haupt des Eris, rechts Gigant. Wien, Kunsthistorisches Museum.

Das Bild entstand vor Klingers römischem Aufenthalt, teils in Paris,

teils in Berlin. Der Figurenkomposition liegt eine Umrißzeichnung aus dem zweiten Zyklus von Umrahmungen zu »Amor und Psyche« zugrunde. Als Modell zur Venus benutzte Klinger die Pariserin, deren Züge im »Urbild der Neuen Salome« überliefert sind (s. Seite 60). Die Idee zur monumental-dekorativen Gestaltung kam Klinger nach der Ausschmückung der Steglitzer Villa. Im Juni 1886 schrieb er an Albers: »Sie haben mich auf die Fährte gebracht, auf der ich mich selbst anfange zu finden, die Erfahrungen, die ich benutze, habe ich in Ihrem Haus gefunden.«[48]

Die Verherrlichung des nackten menschlichen Körpers, die reliefartige Anordnung der Figuren, die wie auf einer Bühne aufgereiht wirken, und die Verbindung des Gemäldes mit farbig-plastischem Rahmenwerk als den Bildraum rhythmisch gliederndes und vertiefendes Element, rief beim Publikum eine sensationelle Empörung hervor.

22 Christus im Olymp. Bez. l. u.: Max Klinger 1897. Öl auf Leinwand. 362,0 × 722,0. Gesamtaufbau 550,0 × 900,0. Der Aufbau wurde während des zweiten Weltkriegs zerstört. Leipzig, Museum der bildenden Künste.

Zwischen 1893 und 1896 leistete Klinger die Hauptarbeit an dem »Gesamtkunstwerk« von Malerei, Rahmenarchitektur und Skulptur, das den Einbruch des Christentums in die antike Götterwelt bzw. das

Zusammentreffen der beiden großen Kulturwelten veranschaulicht. Auf einem Steinsockel aus grauem und verschieden geädertem Marmor erhebt sich das Riesenbild, das von zwei aufrechten Palmenschäften aus Mahagoniholz unterteilt wird. Zur linken und zur rechten Seite der Predella mit dem Kampf der Titanen im Hades stehen die marmornen Sockelfiguren »Reue« (s. S. 64) und »Hoffnung«.

23 Die Kreuzigung Christi. Bez. r.u.: MK 90. Öl auf Leinwand. 251,0 × 465,0. Leipzig, Museum der bildenden Künste.
Studien zum Kreuzigungsthema entstanden während des Paris-Aufenthalts. In Rom von März 1888 bis Frühjahr 1891 erfolgte die Ausführung des Gemäldes, das zum Hintergrund Gebäude der italienischen Bergstadt Siena hat. Bei der Ausstellung in München 1893 kam es wegen des Bildes des völlig nackten Christus zu einem Skandal; die untere Hälfte der Christusfigur mußte mit einem Tuch verhängt werden. Für die Ausstellung in Leipzig 1894 übermalte Klinger die beanstandete Stelle. Bei dem durch Kriegseinwirkung schwerbeschä-

digten Gemälde war das Lendentuch, infolge Feuchtigkeitseinwirkung und der anderen Malweise, die Klinger dafür verwandte, fast verschwunden. Bei der Restaurierung 1970 ist die Übermalung, Klingers ursprünglichen Intentionen folgend, nicht ergänzt worden. Aufsehen erregte auch die Entheiligung der biblischen Szene durch die historische Berichtigung der Kreuzigungstechnik, ebenso wie die Verlagerung des geistigen Schwerpunktes auf die Mutter-Sohn-Beziehung als einer allgemein menschlich nachfühlbaren Situation, die die Identifikation des Betrachters mit dem Geschehen erleichtert.

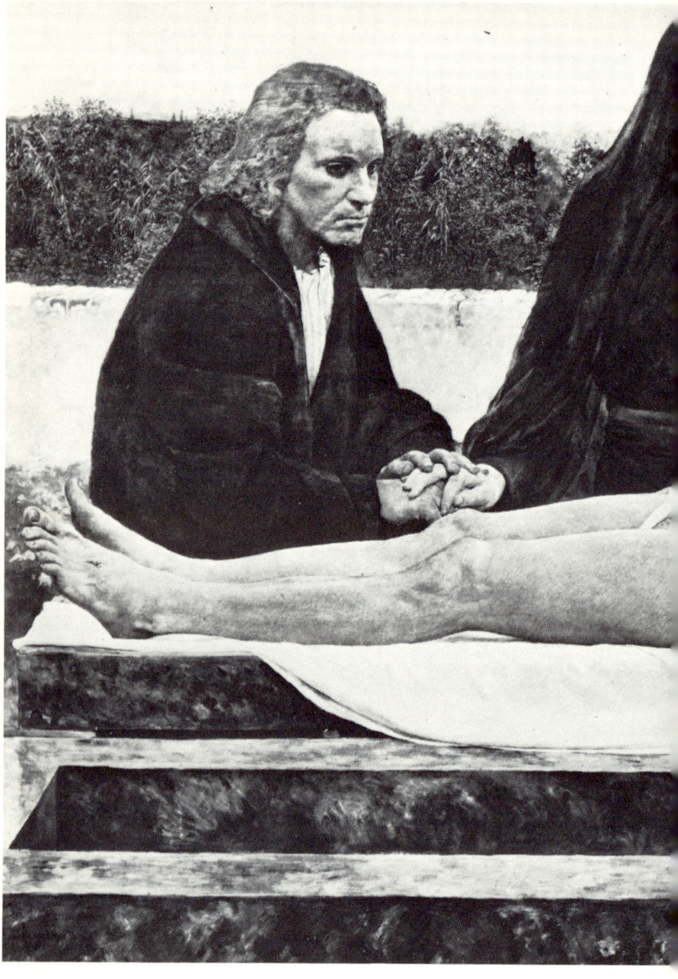

24 Pietà. Bez.: Max Klinger Rom 90. Öl auf Leinwand. 150,0 × 205,0. Ehem. Dresden, Gemäldegalerie (Kriegsverlust).
Die Entwürfe entstanden zur Zeit des Paris-Aufenthalts. Die Ausführung des Gemäldes erfolgte in Rom. Der Grundgedanke, daß die

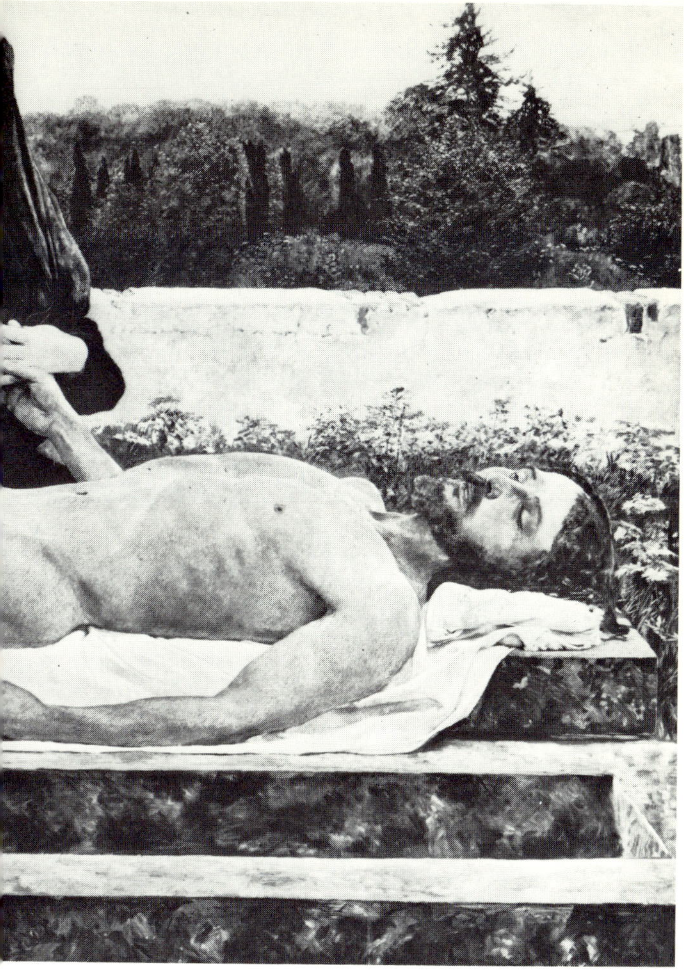

Tat weiterlebt nach dem leiblichen Tod, wird durch die Verschränkung der Hände in der Gruppe ausgedrückt. Johannes trägt die leidvoll entschlossenen Züge Beethovens.

25 Die blaue Stunde. Bez. l.u.: 9 MK 0. Öl auf Leinwand. 191,5 × 176,0. Leipzig, Museum der bildenden Künste.

Unabhängig von Albert Besnards »L'heure bleu« entstand Klingers »Blaue Stunde«, die er während seines Aufenthalts in Paris konzipierte und 1890 in Rom vollendete. Über Entstehung und Sinn des Bildes berichtet Klinger in einem Brief an Paul Schumann: »Den ersten Anstoß dazu gaben mir reine Licht- und Farbstudien, die ich in Paris vor langen Jahren begann. Ich habe schon damals dann das Bild komponiert. Daß man unwillkürlich dabei einen Gedanken einflicht, ist ja nur natürlich, und so habe ich versucht, drei verschiedene Arten stiller Beschaulichkeit möglichst zu charakterisieren: das stumpfe Träumen in die abendliche Dunkelheit hinein, das beschauliche Gruseln, bei dem man ins Feuer schaut, und schließlich das weite Aufträumen.«[49]

Das Medium zur Übermittlung seelischer Zustände ist der weibliche Akt in der stimmungssüchtigen Farbigkeit einer Landschaft Caspar David Friedrichs.

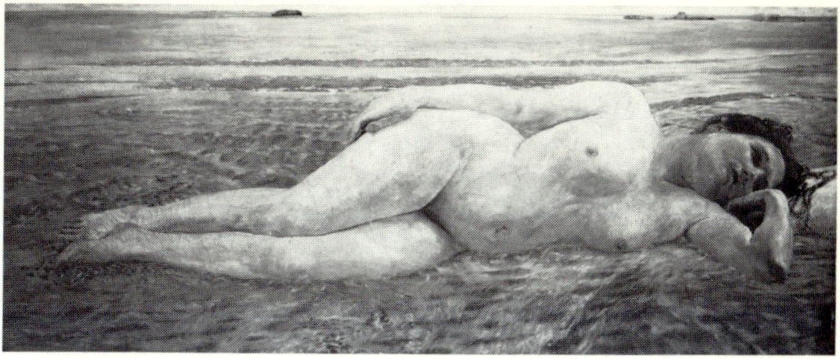

26 Am Strande. Bez. l. u.: Max Klinger Rom 90. Öl auf Leinwand. 76,0 × 182,0. München, Neue Pinakothek.
»Freilichtstudie« eines am Strande liegenden, vom Wasser umspülten Frauenkörpers.

27 Die Quelle. 1891/92. Bez. r.u.: MK. Öl auf Leinwand. 224,0 × 126,0. Ehem. Dresden, Gemäldegalerie (Kriegsverlust). Der Landschaft liegt ein Motiv der Via Appia aus der römischen Campagna zugrunde.

Zeichnungen
Studien

28 Vom Meer ausgeworfen. Entstanden vor 1877. Unbez. Feder und Pinsel mit Tusche. 33,5 × 22,3. Leipzig, Museum der bildenden Künste.
Die Zeichnung gehörte ursprünglich einem Skizzenbuch der Jahre 1874–1877 an, das Klinger auf Anraten seines Lehrers Gussow auseinandernahm, um einzelne Zeichnungen auf Ausstellungen zeigen zu können.

29 Rückkehr von der Bergpredigt. Bez. l. u.: Max Klinger 1877. Feder und Pinsel mit Tusche. 38,5 × 26,3. Berlin (Ost), Nationalgalerie. Blatt 3 aus der Folge »Ratschläge zu einer Konkurrenz über das Thema Christus«. Die acht Zeichnungen entstanden aus äußerlicher Ursache. Klinger entwarf sie 1877 für Christian Krogh, der an einem Wettkampf um ein Altargemälde für Kragerö beteiligt war (s. auch S. 19).

30 Alpdrücken. Bez.: Max Klinger Bruxelles 1879. Feder und Pinsel mit Tusche. 42,2 × 27,3. Hamburg, Kunsthalle.
Das Blatt wurde von Klinger auf einen Karton geklebt (55,7 × 40,9) und auf diesem handschriftlich mit »Alpdrücken« bezeichnet.

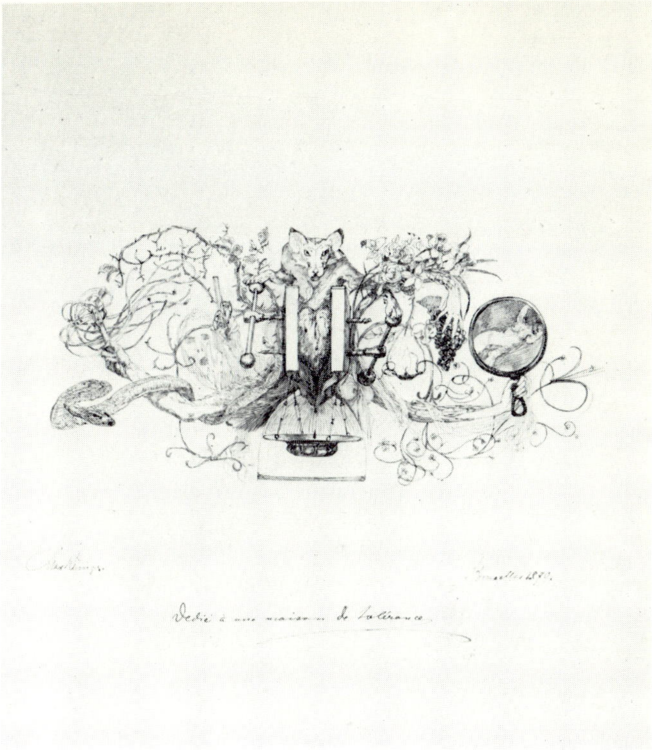

31 Erinnerungen an Brüssel. Bez.: Max Klinger Bruxelles 1879. Dedie à une maison de tolèrance.
Feder mit Tusche. 28,5 × 24,9. Hamburg, Kunsthalle.

32 Centaur und Wäscherinnen. Bez. l.u.: M.Klinger Berlin 1881. Feder mit Tusche. 27,7 × 22,8. Berlin (Ost), Nationalgalerie.

33 Elche. Bez. l. u.: MK Elche 15.3.07. Aquarell über flüchtiger Bleistiftvorzeichnung. 22,5 × 31,8. Hamburg, Privatbesitz.
Blick auf die Stadt Elche vom Palmenhain aus. Entstanden auf der Spanienreise Klingers.

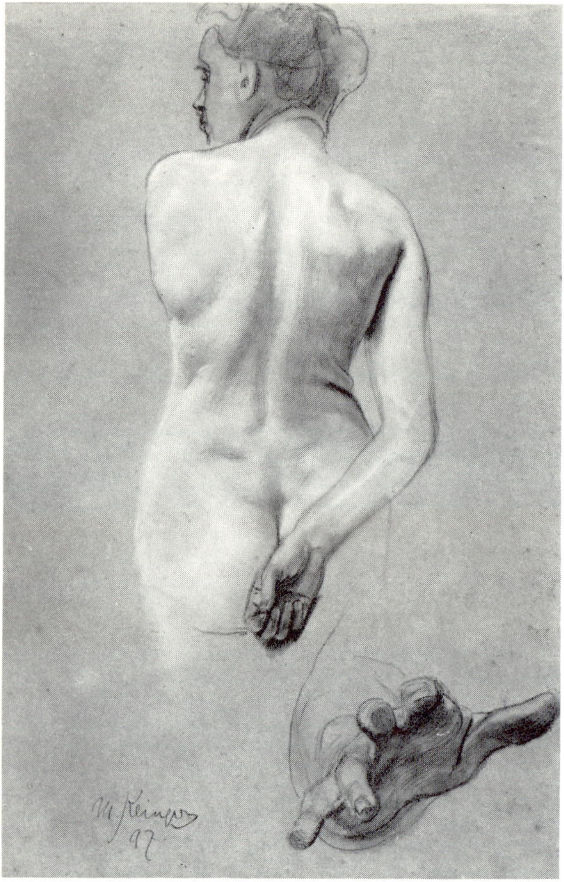

34 Rückenansicht eines stehenden Frauenaktes und Hand. Bez. r. u.: M. Klinger 97. Schwarze Kreide und gelb-rötliches Pastell auf bräunlichem Papier. 47,5 × 31,5. Hamburg, Privatbesitz.
Auf der Rückseite: Beine eines männlichen Aktes.

35 Weiblicher Akt, stehend. Bez.: MK 10.2.10. Schwarze Kreide, weiß, rosa und rot gehöht, auf grünlichem Papier. 74,5 × 41,6. Düsseldorf, Kunstmuseum.

36 Selbstbildnis. Bez. r.u.: MK L. 19. Feder mit Tinte auf Notizbuchblatt. 15,9 × 13,7. Hamburg, Privatbesitz.

Druckgraphik[51]

Aus den Zyklen

Jeder Zyklus hat eine Idee zur Grundlage, die durch den Titel vage umrissen wird. Jedes Blatt will für sich betrachtet sein. Ein konkreter Zusammenhang von Blatt zu Blatt innerhalb der einzelnen Folgen besteht nur ausnahmsweise.

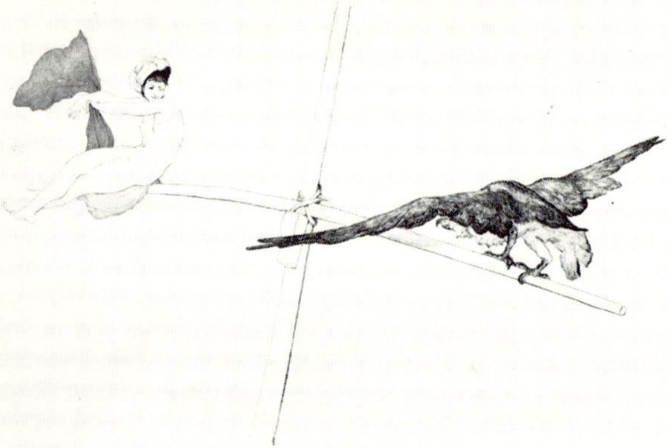

37 Schaukel, Opus I Blatt 5. Unbez. Radierung u. Aquatinta. 30,1 × 41,4. Hamburg, Kunsthalle. Singer 20 V.

37/38 aus: »Radierte Skizzen«, Opus I. Brüssel 1879. Folge von acht Blättern, die durch keinen Gedankengang verbunden sind. Zugrunde liegen Zeichnungen aus dem Skizzenbuch der Jahre 1874–77, die Klinger auf Anraten des Berliner Kupferstechers und Kunsthändlers Hermann Sagert als Radierungen vervielfältigte. Mit dieser Folge beginnt die Reihe der graphischen Zyklen Max Klingers.

38 Frühlingsanfang, Opus I Blatt 4. Bez. l.u.: Max Klinger. Radierung u. Aquatinta. 41,5 × 16,8. Hamburg, Kunsthalle. Singer 19 V.

39 Erstes Intermezzo, Opus II Blatt 6. Unbez. Radierung u. Aquatinta. 31,4 × 21,9. Hamburg, Kunsthalle. Singer 30 III.

39/40 aus: »Rettungen Ovidischer Opfer«, Opus II. Brüssel 1879. Folge von 13 Blättern, Robert Schumann gewidmet. Satirische Behandlung der »Metamorphosen« des Ovid. Die tragisch endenden Episoden nehmen bei Klinger eine scheinbar glücklichere Wendung. Doch in Wirklichkeit kommen die Helden und Heldinnen Ovids in Klingers »Rettungen« bedeutend schlechter weg als im Original. Die Intermezzi gehen auf ältere Kompositionen zurück und stehen in keinem inhaltlichen Zusammenhang mit den Geschichten, die sie trennen. Klinger erläuterte die Widmung an Schumann: »Die Widmung an Schumann ist rein Sache der Sympathie – analog der musikalischen Dédicationen –.Ich liebe die schumannsche Musik außerordentlich und behaupte und glaube von seiner Compositionsweise viel beeinflußt zu sein – in einer Art freilich, die zu erklären mir unmöglich ist.«[52]

40 Narcissus und Echo II, Opus II Blatt 8. Unbez. Radierung u. Aquatinta. 29,9 × 20,9. Hamburg, Kunsthalle. Singer 32 III.

41 Erste Zukunft, Opus III Blatt 2. Bez. r. u.: M. Klinger. Radierung u. Aquatinta. 39,7 × 26,9. Hamburg, Kunsthalle. Singer 44 III.

42 Dritte Zukunft, Opus III Blatt 6. Bez. r.o.: MK. Radierung. 29,8 × 20,3. Hamburg, Kunsthalle. Singer 48 IV.

41/42 aus: »Eva und die Zukunft«, Opus III. München 1880. Folge von sechs Blättern, dem Maler Christian Krogh zugeeignet. Klingers Selbstinterpretation: »Eva, an die sich die Versuchung speciell richtete, ist damit die Mutter der Zukunft. – Die Versuchung – also auch Zukunft – drängt sich Eva erst als Denken daran, dann als Versuchung selbst auf und trägt dann die bekannten folgen. – Daher 1. die sinnende Eva und die Zukunft als ein zu fürchtendes Wesen an einem fest begrenzten Weg (ich bin fatalist) – 2. Die Versuchung als ein aus der anderen Welt zuschwimmender Dämon – 3. Ausstoßung und Tod. –«[53] »›Eva‹, ›Schlange‹ und Adam sind wohl keiner Commentare bedürftig wohingegen Zukunft I., II. und III. bedenklicher sind. Auch für diese habe ich nur einige kurze fingerzeige. Es ist vor allem Dinge jeder dieser Zukünfte an das betr. Paradiesstadium gedacht zu denken und ist I. die große allgemeine Zukunft für jeden Lebensweg von a–Z, als für bestimmt und unabänderlich, II., die Zukunft in den einzelnen Lebenslagen resp. Verführungen, III. die einzige bestimmte und sicher eintreffende Zukunft, also eigentlich keine Zukunft mehr.«[54]

43 Bär und Elfe, Opus IV Blatt 1. Bez. r.u.: MKlinger/1880. Radierung u. Aquatinta. 41,4 × 29,90. Hamburg, Kunsthalle. Singer II.
44 Kämpfende Centauren, Opus IV Blatt 4. Unbez. Radierung u. Aquatinta. 41,0 × 26,7. Hamburg, Kunsthalle. Singer 55 II.

43/44 aus: »Intermezzi«, Opus IV. Brüssel 1881. Folge von zwölf Blättern, gewidmet dem Kupferstecher und Kunsthändler Hermann Sagert. Die Radierungen, in denen eine vage elegische Phantasie über das Leben ihren Niederschlag findet, entstanden neben der Arbeit an den großen Zyklen und zeigen außer den Kentaurenlandschaften und der Simpliciusfolge keine inhaltliche Geschlossenheit.

45 Venus zeigt Amor Psyche, Opus v Blatt 4. Unbez. Radierung u. Aquatinta. 36,3 × 27,8. Hamburg, Kunsthalle. Singer 67 II.

46 Psyche auf dem Felsen, Opus v Blatt 10. Unbez. Radierung u. Aquatinta 36,7 × 26,8. Hamburg, Kunsthalle. Singer 73 IV.

47 Psyche verlassen, Opus v Blatt 22. Unbez. Radierung und Aquatinta. 36,7 × 26,7. Hamburg, Kunsthalle. Singer 85 III.

48 Psyche und der Adler Jupiters, Opus v Blatt 37. Unbez. Radierung und Roulette. 36,4 × 27,0. Hamburg, Kunsthalle. Singer 100 IV.

45–48 aus: »Amor und Psyche«, Opus v. München 1880. Folge von 46 Radierungen und Ornamenten. Die Illustrationen zu dem Märchen des Apuleius halten sich eng an die literarische Vorlage. In den Umrahmungen finden sich Formen eines frühen Jugendstils.

49 Handlung, Opus VI Blatt 2. Unbez. Radierung. 29,9 × 21,0. Hamburg, Kunsthalle. Singer 114 IV. Der Fund: Klinger hebt den Handschuh auf.
50 Wünsche, Opus VI Blatt 3. Unbez. Radierung u. Aquatinta. 31,6 × 13,8. Hamburg, Kunsthalle. Singer 115 V. Der Traum: Der Künstler sieht die Geliebte in der Ferne. Der Handschuh liegt auf der Bettdecke.

51 Ängste, Opus VI Blatt 7. Unbez. Radierung. 14,3 × 26,8. Hamburg, Kunsthalle. Singer 119 IV. Der Schläfer wird von Geistern und dem Handschuh bedrängt.
52 Entführung, Opus VI Blatt 9. Unbez. Radierung u. Aquatinta. 11,9 × 26,9. Hamburg, Kunsthalle. Singer 121 IV.
Der Handschuh wird von einem Ungeheuer geraubt.

53 Amor, Opus VI Blatt 10. Bez. r.u.: op. MK VI c. 1878 r 1880. Radierung. 14,2 × 26,5. Hamburg, Kunsthalle. Singer 122 IV.

49 bis 53 aus: »Paraphrase über den Fund eines Handschuhs«, Opus VI. München 1881. Folge von zehn Blättern. Die Kompositionen lagen bereits 1878 in Federzeichnung vor und gehen auf eine Liebesgeschichte des Künstlers aus dieser Zeit zurück, die mit dem Fund des Handschuhs einer Dame auf der Berliner Rollschuhbahn begann. Klinger leitet den Zyklus mit zwei realistischen Szenen ein und gibt dann in den folgenden acht Blättern eine poetische Umschreibung seines durch Verliebtheit ausgelösten phantastischen Traumes.

54 Chaussee, Opus VII Blatt 2. Bez. l. u.: Max Klinger Opus VII No. II. Radierung und Aquatinta. 52,7 × 37,2. Hamburg, Kunsthalle. Singer 124 II.
Aus: »Vier Landschaften«, Opus VII. Dresden 1883. Ansichten aus der Leipziger Umgebung.

55 Verführung, Opus VIII Blatt 4. Unbez. Radierung u. Aquatinta. 41,0 × 21,6. Hamburg, Kunsthalle. Singer 130 I.

56 Verlassen, Opus VIII Blatt 5. Unbez. Radierung u. Aquatinta. 31,5 × 44,9. Hamburg, Kunsthalle. Singer 131 II.

55–57 aus: »Ein Leben«, Opus VIII. Berlin 1883. Folge von 15 Blättern, gewidmet dem dänischen Literaturhistoriker und Kritiker Georg Brandes. Angeregt durch den Roman »Albertine« von Christian Krogh schildert Klinger am Beispiel eines gefallenen Mädchens die verschiedenen Elendsstufen, in welche eine Frau durch die Doppelmoral der bürgerlichen Gesellschaft geraten kann.

57 Rivalen, Opus VIII Blatt 7. Bez. r. u.: Max Klinger. Radierung u. Aquatinta. 26,4 × 16,6. Hamburg, Kunsthalle. Singer 133 II.

58 In Flagranti, Opus IX Blatt 1. Unbez. Radierung. 45,5 × 32,1. Hamburg, Kunsthalle. Singer 147 VII. Der Geliebte wurde von dem Ehemann aus dem Fenster erschossen.

59 Eine Mutter I, Opus IX Blatt 3. Unbez. Radierung u. Aquatinta. 45,3 × 31,8. Bremen, Kunsthalle. Singer 149 II.

60 Eine Mutter II, Opus IX Blatt 4. Unbez. Radierung u. Aquatinta. 45,4 × 31,8. Hamburg, Kunsthalle. Singer 150 VI.

61 Eine Mutter III, Opus IX Blatt 5. Unbez. Radierung. 45,4 × 35,9. Hamburg, Kunsthalle. Singer 151 IV.

Erklärung des Künstlers zu den Blättern 3–5: »Eine Familie, durch den Krach verarmt. Der Mann, Säufer geworden, mißhandelt Frau und Kind. Sie vollständig verzweifelt, springt mit dem Kind ins Wasser. Das Kind ertrinkt, sie wird gerettet, wieder zum Leben gebracht, wegen Totschlags und Selbstmordversuchs vor Gericht gestellt – freigesprochen.«[55]

62 Märztage I, Opus IX Blatt 8. Unbez. Radierung u. Aquatinta. 45,3 × 35,8. Hamburg, Kunsthalle. Singer 154 IV.

63 Märztage II, Opus IX Blatt 9. Unbez. Radierung u. Aquatinta. 45,5 × 35,7. Hamburg, Kunsthalle. Singer 155 IV.

58–64 aus »Dramen«, Opus IX. Berlin 1883. Folge von zehn Blättern, dem Lehrer Karl Gussow gewidmet. In dem Zyklus werden sechs tragische Begebenheiten aus dem Alltag der Großstadt festgehalten. Zurückblickend äußert sch Klinger 1916 über die »Dramen«: »... 1883 habe ich die Sachen componiert. Damals war die Zeit der schärfsten Sozialdemocratie mit revolutionärem Hintergrund in ganz Deutschland. Und die Möglichkeiten wurden am Biertisch und in den Blättern discutiert. Das war der Mutterboden meiner Fantasie... Es war die Zeit meiner Schwärmerei für Zola (dem wollte ich eigentlich die ›Dramen‹ widmen) für die Goncourts, für Flaubert...«[56]

64 Märztage III, Opus IX Blatt 10. Unbez. Radierung und Aquatinta. 45,2 × 31,9. Bremen, Kunsthalle. Singer 156 II.
In den »Märztagen« bezieht sich Klinger auf die revolutionären Ereignisse zur Zeit des Sozialistengesetzes in Deutschland.

65 Widmung, Opus x Blatt 1. Unbez. Radierung u. Stich. 45,6 × 35,7. Hamburg, Kunsthalle. Singer 157 III. Venus lehrt Amor die gefährlichen Pfeile versenden.

66 Am Thor, Opus x Blatt 3. Unbez. Radierung u. Stich. 45,5 × 31,6. Hamburg, Kunsthalle. Singer 159 IV.

67 Im Park, Opus x Blatt 4. Unbez. Radierung u. Stichel. 45,7 × 27,9. Hamburg, Kunsthalle. Singer 160 III.

68 Neue Träume vom Glück, Opus x Blatt 7. Unbez. Radierung u. Stich. 45,8 × 35,7. Hamburg, Kunsthalle. Singer 163 VII.

69 Erwachen, Opus x Blatt 8. Unbez. Radierung u. Stich. 45,7 × 31,4. Hamburg, Kunsthalle. Singer 164 VI.
Sie schaut ihr Schicksal.

70 Schande, Opus x Blatt 9. Unbez. Radierung, Stich u. Aquatinta. 45,8 × 31,8. Hamburg, Kunsthalle. Singer 165 III.
Sie wird verhöhnt.

71 Tod, Opus x Blatt 10. Unbez. Radierung, Stich u. Aquatinta. 31,9 × 45,6. Hamburg, Kunsthalle. Singer 166 V.
Der Tod führt das Neugeborene hinweg und winkt ihr. Der Geliebte kehrt zu spät zurück.

66–71 aus: »Eine Liebe«, Opus x. Berlin 1887. Folge von zehn Blättern, Arnold Böcklin gewidmet. In den Radierungen werden die Stadien eines Liebeserlebnisses mit fatalem Ausgang dargestellt. Die handelnden Personen gehören dem höheren Bürgertum an. Ursprünglich sollte der Titel dieser Folge »Der Dramen zweiter Theil« lauten.

72 Nacht, Opus XI Blatt 1. Unbez. Radierung u. Aquatinta. 31,5 × 31,6. Hamburg, Kunsthalle. Singer 171 IV.

73 Meer, Opus XI Blatt 3. Unbez. Radierung u. Aquatinta. 26,9 × 22,8. Hamburg, Kunsthalle. Singer 173 III.
Die Geisterhand des Todes reißt den hinteren Schiffsmast um; unten der Meeresboden.

72–75 aus: »Vom Tode Erster Theil«, Opus XI. Rom 1889. Folge von zehn Blättern. Die Arbeiten zu diesem Thema begannen 1882. Der Zyklus besteht aus lose zusammengefügten Blättern mit dem Grundgedanken, daß der Tod den Menschen jederzeit überraschen kann.

74 Auf den Schienen, Opus XI Blatt 8. Unbez. Radierung u. Aquatinta. 26,4 × 19,2. Hamburg, Kunsthalle. Singer 178 I.
Der Tod bringt einen Zug zum Entgleisen; im Rahmen Köpfe der Verunglückten, verbogene Schienen von feuerspeiender Schlange umwunden.

75 Arme Familie, Opus XI Blatt 9. Unbez. Radierung u. Aquatinta. 27,7 × 19,3. Hamburg, Kunsthalle. Singer 179 III.
Tod des Mannes; unten wird das Grab geschaufelt, links im Rahmen der Tod.

76 Accorde, Opus XII Blatt 1. Unbez. Stich, Aquatinta, Schabkunst. 27,7 × 39,1. Bremen, Kunsthalle. Singer 183 II.

76–78 aus: »Brahmsphantasie«, Opus XII. 1894. Folge von 41 Radierungen und Lithographien zu Kompositionen von Johannes Brahms. Erste Ideen zu diesem Zyklus hatte Klinger bereits 1885. Das Werk ist in zwei Hälften geteilt, denen je ein Blatt gleichsam als Präludium voransteht. In dem ersten Teil werden fünf Lieder für eine Singstimme von fünf Radierungen und zwölf Lithographien begleitet. Den Schwerpunkt des zweiten Teils bildet die Vertonung des »Schicksalliedes« von Hölderlin, das mit vier Radierungen und elf Lithographien verbunden ist. Als Brahms die Blätter sah, schrieb er an Klinger: »Sie haben mir eine ganz einzige und überaus hohe Freude gemacht, für die ich Ihnen nicht herzlich genug danken kann. Ich meine auch, diesen m. Dank ohne Ihre Hülfe nicht sagen zu können. Es ist Ihnen vielleicht nicht eingefallen, sich vorzustellen, was ich bei Betrachtung Ihrer Bilder empfinden muß. Ich sehe die Musik, die schönen Worte dazu – und nun tragen mich ganz unvermerkt Ihre herrlichen Zeichnungen weiter; sie ansehend ist es, als ob die Musik in's Unendliche weiter töne und Alles ausspräche was ich hätte sagen mögen, deutlicher als es die Musik vermag und dennoch eben so geheimnißreich und ahnungsvoll. Manchmal möchte ich Sie beneiden, daß Sie mit dem Stift deutlicher sein können, manchmal mich freuen, daß ich es nicht zu sein brauche, schließlich aber muß ich denken, alle Kunst ist dasselbe und spricht die gleiche Sprache...«

77 Evocation, Opus XII Blatt 19. Bez. r. u.: MK 90. Radierung, Stich, Aquatinta u. Schabkunst. 29,2 × 35,7. Hbg. Kunsthalle. Singer 201 II.

78 Der befreite Prometheus, Opus XII Blatt 41. Unbez. Radierung, Stich, Aquatinta u. Schabkunst. 27,7 × 36,2. Hamburg, Kunsthalle. Singer 223 II.

79–83 aus: »Vom Tode Zweiter Theil«, Opus XIII. 1885–1909. Folge von 12 Blättern. 1898 erschien eine erste Ausgabe mit sechs Blättern in Berlin. Noch ehe die Anordnung der Blätter, die der geistigen Reihenfolge, nicht der Entstehungszeit nach ablaufen, endgültig feststand, schrieb Klinger über den Zyklus: »Diesen ersten Theil der mir zu ›kleine Nachrichtenhaft‹ die Idee des Todes nur von außen her in einzelnen Zufälligkeiten anfaßt, versuche ich eine größere, weitere Form durch den zweiten Theil zu geben, in dem den kleinen Zufällen die großen Prinzipien, dem äußeren Schrecken die innere Auflösung derselben entgegengesetzt werden, so daß ein harmonischer Abschluß ermöglicht ist. Die Blätter, die den zweiten Theil bilden, sind so angeordnet, daß nach diesem Titelblatt, die allgemeine Vergänglichkeit darstellend, drei Blätter die armen Massen der Menschheit darstellen von ihren Hauptfeinden, Massentod, 1. Krieg, 2. Pest, 3. Elend (bedrängt): dann (folgen) 3 Blätter, die Gipfelpunkte der Menschheit, der Herrscher, das Genie und der Philosoph (in dieser meiner Auffassung sehr wohl als zweierlei zu betrachten). Die Idee dieser Gegenstellung ist, – mit der Summe der Erkenntnis der Ehren, wächst die Fähigkeit des Leidens. Ein Blatt ›Und doch‹ führt aus diesen ausschließlich düsteren, erschreckenden Ideen zu der in vier Blättern dargestellten Anschauung 1 ›Das Individium stirbt – das Geschlecht lebt‹ – ihm entspricht 2 ›An die Selbstverläugnung‹. – 3 ›Die That stirbt, vergeht – die Natur lebt‹, – ihm entspricht 4 ›An die Schönheit‹.«[58]

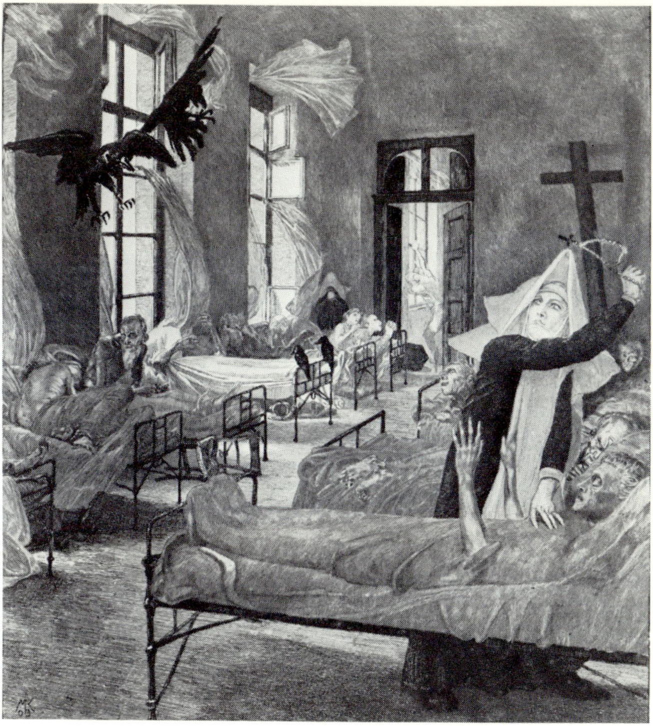

79 Pest, Opus XIII Blatt 5. Bez. l.u.: MK 03. Radierung u. Stich. 42,9 × 34,1. Hamburg, Kunsthalle. Singer 234 IV.
Der Mensch wird durch Krankheit vernichtet.

80 Philosoph, Opus XIII Blatt 3. Bez. l. u.: MK 10. Radierung, Stich u. Aquatinta. 49,9 × 33,8. Hamburg, Kunsthalle. Singer 232.
Der forschende Mensch greift über die Erde (weibliches Wesen) hinweg nach dem Weltall und findet nur sein eigenes Spiegelbild.

81 Tote Mutter, Opus XIII Blatt 10. Bez. l.u.: MK 89. Stich. 45,5 × 34,7. Hamburg, Kunsthalle. Singer 239 III.
Mag auch der Einzelne untergehen, das Menschengeschlecht lebt fort.

Studie zu »Und doch«.

82 Und doch, Opus XIII Blatt 8. Bez. l.u.: MK 88. Radierung, Stich u. Aquatinta. 41,3 × 32,1. Hamburg, Kunsthalle. Singer 237 II. Der vom Schicksal bedrohte Mensch ringt sich zum Licht empor; unten Dunkelheit und Schlangen.

Studie zu »An die Schönheit«.

83 An die Schönheit, Opus XIII Blatt 12. Unbez. Radierung u. Stich. 41,2 × 32,1. Hamburg, Kunsthalle. Singer 241 II.
Der alles Irdischen entkleidete Mensch findet im Eingehen in das All die Erlösung.

Einzelblätter

84 Titelblatt »Radierungen« Muse auf der Platte tanzend. Unbez. Radierung. 17,2 × 11,7. Hamburg, Kunsthalle. Singer 283 III.
Die Platte wurde für das Frontispiz zu der Luxusausgabe des Katalogs zur 13. Sonderausstellung der Nationalgalerie zu Berlin im Jahre 1881 geschaffen, aber nicht verwendet.

Phantasie und Künstlerkind, 1. Fassung von 1874.

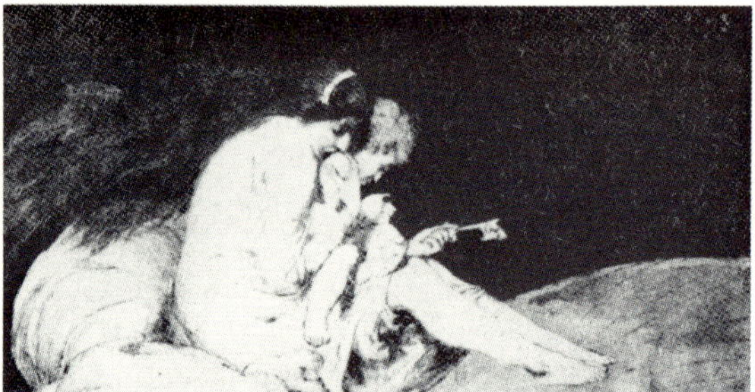

Phantasie und Künstlerkind, 2. Fassung um 1878.

85 Die Gurlitt-Ausstellungskarte: Phantasie und Künstlerkind. Bez. r.u.: Max Klinger 1881. Radierung u. Aquatinta. 24,7 × 21,6. Hamburg, Kunsthalle. Singer 262 III.

Die Phantasie trägt auf ihrem Schoß das Künstlerkind und öffnet diesem die Welt mittels eines Schlüssels. Die erste Fassung dieser Darstellung schuf Klinger bereits 1874. Ferner existiert eine Fassung von 1878. Für die Gurlitt-Ausstellungskarte verfeinerte Klinger die Komposition ein drittes Mal. Das Blatt wurde von der Firma an Kunden und Interessenten verteilt.

86 Das Menzelfestblatt (1884). Bez. l.u.: M. Klinger. Radierung. 44,5 × 31,5. Hamburg, Kunsthalle. Singer 268 I.
Das Blatt spielt in scharadenhafter Weise auf Menzels überragende Leistung auf dem Gebiet des Steindrucks an und wurde anläßlich einer Feier zu Ehren Adolph Menzels, veranstaltet vom Verein Berliner Künstler, radiert.

87 Die Balldame: Frontispiz. Unbez. Radierung. 16,1 × 12,0. Hamburg, Kunsthalle. Singer 284 II.
Entworfen und ausgeführt im September 1884 für das Buch von Karl von Schlözer: »Aus Dur und Moll Concertstücke ohne Noten«, Berlin 1885.

88 Blick aus dem Atelierfenster. Bez. r. u.: MK 90. Stich u. Kaltnadel. 20,9 × 31,5. Hamburg, Kunsthalle. Singer 270.
Entstanden während des Romaufenthalts.

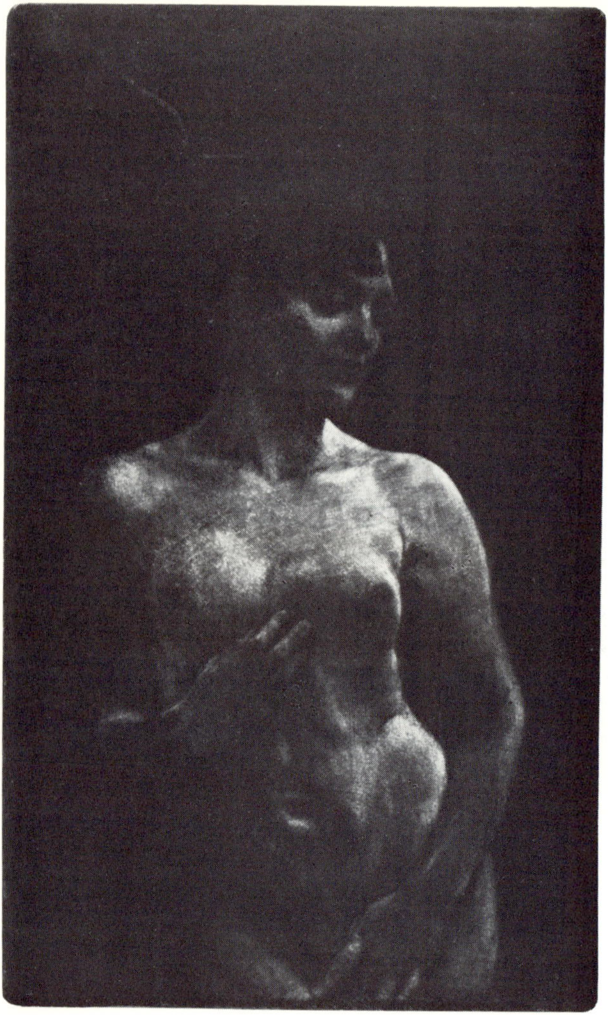

89 Weiblicher Akt in Schabkunst (1891). Unbez. Radierung u. Schabkunst. 28,9 × 16,9. Hamburg, Kunsthalle. Singer 271 II.

90 Umschlagtitel »Secession«. Unbez. Radierung, Stich, Aquatinta u. Schabkunst. 29,9 × 25,0. Hamburg, Kunsthalle. Singer 286 IV.
Die Darstellung wurde verwendet als Titel zu dem Werk »Secession. MDDCCCXCIII. Eine Sammlung von Photogravüren nach Bildern und Studien von Mitgliedern des Vereins Bildender Künstler Münchens«, erschienen 1893 im Verlag der Photographischen Gesellschaft Berlin.

Giorgio de Chirico
Max Klinger[1]

Einige Überlegungen zuvor

Deutschland liegt in der Mitte Europas. Dieses Schicksal setzt eine Barriere gegen die Länder am Mittelmeer und im Orient. Italien und Frankreich sind Griechenland und Afrika nahe. Die Deutschen aber können den Geist und den Atem dieser Länder nicht spüren – es sei denn, sie durchqueren die Wälder und Gebirge, die ihr Land im Süden und Osten umschließen. Ob eine derartige Situation einen guten oder einen schlechten Einfluß auf die intellektuellen Äußerungen eines Landes und das Schaffen seiner besten Künstler haben kann?
Betrachten wir den Einfluß, den Griechenland erst bei den Römern und dann viel später bei den Italienern der Renaissance gewann. Fragen wir uns, ob er mehr in der Form oder eher im Geiste geschah. Ich kenne keinen italienischen Philosophen, Dichter, Maler oder Bildhauer, den das Mysterium Griechenlands »aufgerüttelt« hätte. Ich sage das nicht, um meinen Landsleuten Vorwürfe zu machen. Sie waren und sind von anderen Mysterien bewegt, von denen unserer Erde und unserer Rasse. Sie stehen in nichts hinter den Mysterien der Kunst, des Denkens und der Erscheinungsformen auf der hellenischen Halbinsel zurück. Frankreich kann sich keines derartigen Ausgleichs für seinen Mangel an Verständnis für den griechischen Geist rühmen. Es hegt eine außerordentliche Sympathie für den Orient, in dem wenig oder gar nichts zu verstehen ist. Es liebt ihn, weil er in vielen

Farben schillert. Seine Dichter, Schriftsteller und Maler werden nicht müde, die Herrlichkeit und die Pracht Marokkos, Arabiens, Ägyptens und der kleinasiatischen und europäischen Türkei zu schildern. Einige seiner Philosophen widmen einen guten Teil ihrer Arbeit dem Studium der orientalischen Märchen. Es scheint, als ob sie in Entzücken geraten, wenn sich ihnen die Gelegenheit bietet, den komplizierten und langen Namen einer berühmten Sultanin oder eines bekannten Eunuchen zu schreiben.

Sehen wir uns François Marie Arouet an, den schrecklichen Philosophanten von Ferney.[2] In seinen ›Visions de Barbouc‹ brachte er alle seine bittere und sarkastische Kritik gegen die französische Gesellschaft und die Stadt Paris an den Mann, indem er in wortreichen Anspielungen die Menschen, die Gesellschaft und die Länder des asiatischen Orients darstellte. Nicht anders, wenn er im ›Zadig‹ die Heldentaten der persischen Märchen in Erinnerung rief oder im ›Babarek‹ über Indien phantasierte.
Sprechen wir nicht vom orientalischen Einfluß auf geniale Maler wie Delacroix und mittelmäßige Schriftsteller wie Benjamin Constant. Nicht zu vergessen schließlich die kraftlosen Romane des Philotürken Pierre Loti.
Die Schranke, die zwischen Deutschland und dem Mittelmeer und dem Orient liegt, ist wirkungsvoll. Wenn seine genialen Männer tiefer in diese Welt eindringen wollen, müssen sie sich wie Gefangene hinter den Gittern der hohen Fenster aufrecken, sich abmühen, sich anstrengen und das ganze komplizierte Räderwerk des Denkens und der Phantasie in Gang setzen. Dank der so großen Distanz und der so großen Mühe, nehmen sie das, was sie zu sehen

und zu begreifen wünschen, dann besser und gründlicher auf.
Das Phänomen gleicht dem, das der geniale Mann erfährt. Er wird eher von Menschen erkannt und begriffen, die ihn kaum kennen und ihm fernstehen, als von seinen Eltern und Verwandten und von engen Freunden. Man könnte auch das Beispiel der Landschaft anführen: Sie offenbart den Geist ihrer Strukturen nur dem, der sie aus einer gewissen Entfernung betrachtet.

Der mythisch-griechische Geist

Wenn man das Werk von Max Klinger betrachtet, vor allem seine Radierungen, so ist man betroffen von der bizarren und phantastischen Art und Weise, in der er den griechischen Mythos darstellt. Diese Blätter überraschen aus einem besonderen Grund. Bevor man sie gesehen hat, hätte man keine »griechische Kunst« in Klingers Werk vermutet. Nachdem man sie kennengelernt hat, weiß man dagegen, daß es in ihr seinen Ursprung hat. Das Werk Klingers ist voller Phantasie und reich an bildnerischer Kraft. Es könnte auf den ersten Blick jenen, die metaphysisch nicht genau definieren, allerdings paradox und sinnlos erscheinen. Es basiert jedoch immer auf einer eindeutigen, stark empfundenen Realität. Delirien und Wahnvorstellungen kennt es nicht. In all dem zeigt sich Klingers Genialität.
Man sehe sich die Radierung ›Der befreite Prometheus‹[3] aus der Serie »Brahmsphantasie« an. In dieser Arbeit ist nichts unklar und verworren. Über ein Stück schaumbedeckten Meeres wird Prometheus, lastend wie ein Ver-

wundeter oder Kranker, von Merkur und dem Adler des Zeus fortgetragen. In der Gruppe wird die *reale* Anstrengung der drei genau dargestellt. Der Flügelschlag des Adlers, der gezwungen ist, gegen den Wind zu fliegen und eine schwere Last zu tragen, zeugt von einer außerordentlichen Beobachtungsgabe. Ebenso die Haltung des Merkur, der wie ein fliegender Geist aussieht. Er umfaßt die Knie des Prometheus, der sich verzweifelt fest an den Adler klammert. Währenddessen fallen die Blätter des Lorbeerkranzes, den die Menschheit dem Prometheus für den Raub des göttlichen Feuers verlieh, nach und nach ab...

Um die Szene noch realer zu machen, stellt Klinger die fliegende Gruppe in die Augenhöhe des Betrachters, der auf diese Weise an dem merkwürdigen und aufregenden Flug teilnimmt.

Diese Komposition erweist sich als genial, weil sie beim Betrachter den Eindruck eines Ereignisses erweckt, das tatsächlich geschah. Sie erinnert ein wenig an Böcklins »Kentaur vor der Schmiede«. Wenn wir ihn betrachten, glauben wir für einen Augenblick, daß es wirklich einmal Kentauren gegeben hat; wir meinen, daß wir noch heute auf einige überlebende Exemplare stoßen könnten, wenn wir durch eine Straße gehen oder auf einen Platz kommen.

Möglich, daß der Einfluß Böcklins Klinger angespornt hat, in zahlreichen Radierungen die mythische Existenz zu verwirklichen, die uns so merkwürdig erregt. Er stellt den Kentauren, den Faun, den Triton nicht inmitten der einsamen Natur oder in Begleitung von Göttern und Halbgottheiten dar, wie es die Künstler stets zu tun pflegen. Bei ihm treten sie in der Gesellschaft des

Menschen und in einer überraschenden Realität auf, sie sind »natürlich«. Beim ersten Blick haben wir den Eindruck, daß diese Wesen tatsächlich existieren.

Klingers bedeutendste Radierung[4] dieser Art ist der »Kentaur und die Wäscherinnen« (s. Seite 106). Ein Kentaur hat sich den ersten Häusern eines Weilers genähert. Er wirkt wie ein klassisches Standbild. Gegen einen Felsen gelehnt plaudert er gelassen mit zwei Wäscherinnen, die am Ufer eines Baches ihre Tücher spülen.

Eine andere Radierung trägt den Titel »Der fliehende Kentaur«.[5] Nahe den ersten Häusern einer Ortschaft sehen wir, wie ein großer Kentaur durch die Weizenfelder flieht. Er ist mit einem Bogen bewaffnet. Sich halb umdrehend wie ein Parther, schießt er mit Pfeilen hinter sich. Einige Männer verfolgen ihn, tief auf ihre galoppierenden Pferde gebückt. Eines der Pferde bäumt sich auf. Ein Pfeil des Kentauren hat es in die Gurgel getroffen.

Wenn es um die Landschaft geht, malt Klinger fast immer Küsten, Buchten und Inseln. Er bereichert sie durch Pinien, die verkrümmt auf überhängenden Felsen stehen.

Seine Landschaften sind poetisch und philosophisch im Sinne einiger Philosophen aus Kleinasien und einiger Denker und Dichter aus Großgriechenland. Sie liegen im Glanze des Mittelmeeres. Glückliche Menschen lagern sich am Meeresstrand oder im Schatten der Pinien. Die Sonne scheint, brennt aber nicht. Ein leiser Hauch von Schwermut liegt über allem, über dem Wasser, der Erde, den Pflanzen, den Menschen und Tieren. Stark empfunden ist der weite, aber nicht beängstigende Horizont.

Nach dem, was ich dargelegt habe, steht Klinger dem Geist seiner Landschaft nach im Gegensatz zu Böcklin.

Dieser erfuhr die Tragik der nördlichen, kontinentalen Natur. Er beschwor weit zurückliegende Ereignisse aus dunklen und unruhigen Zeiten und heilige Stätten, die den Nordwinden und der Macht der nordischen Dämonen ausgesetzt waren: die weissagenden Eichen von Dodona (»Heiligtum des Herakles«); bewaldete Berge in Thessalien, von wilden Kentauren bewohnt und dunkle Zypressen, von den Stürmen des Meeres zerzaust und gebeugt (»Toteninsel«, »Villa am Meer«). Klinger, geistig viel komplizierter, wenngleich weniger klassisch als Böcklin, integriert in einem Bild Szenen aus der Gegenwart und antike Erinnerungen. Er gewinnt auf diese Weise eine Traumrealität von großer Eindruckskraft. Betrachten wir die Radierung »Akkord« aus der Brahmsphantasie (s. Seite 150). Auf dem Meere ist ein Gerüst aufgebaut; Wellen und Schaum bedecken es. Auf ihm sitzt ein Pianist vor einem Klavier. Er trägt einen schwarzen Anzug, er spielt so, als ob er in der Wärme und der Ruhe eines Konzertsaales wäre. Neben ihm sitzt eine Frau. Hinter beiden hängt ein vielfältiges Segel. Es bewirkt einen geheimnisvollen Horizont. Unten im Wasser hat ein Triton alle Mühe, eine gewaltige Harfe zu tragen, die der Wind ihm gegen die Stirn drückt. Meerfrauen spielen auf dem Instrument.
Auf dem Meere kreuzt eine Barke, eine Art von *cutter*. Schräg im ungestümen Wind liegend, fährt sie schnell einem unbekannten Ort entgegen. Im Hintergrund bilden hohe Felsen ein Becken. Geschützt vor Winden und Stürmen liegt das Meer dort ruhig und dunkel. Weiß leuchtet der Marmor einer Villa.
Klinger wollte diese auf paradoxe Weise poetische Szene noch realer machen. Er hat deshalb neben den Pianisten eine kleine Treppe aus Holz gestellt – ähnlich denen, die

wir in den Badeanlagen am Meer finden. Man sieht die ersten Stufen, die ins Wasser gehen. Die Idee des Treppchens zeigt eine außerordentliche Genialität. Wenn ich in die Erinnerungen an meine Kindheit zurückgehe, fällt mir ein, daß die Treppchen an den Badekabinen mich stets aufgeregt und bestürzt haben. Diese wenigen Stufen aus Holz, bedeckt von Algen und Schimmel – mir schien, ich müßte hinabsteigen, Meile um Meile, bis in das Herz des finsteren Ozeans. Diese Empfindung kehrte wieder, als ich die Radierung von Klinger sah. In ihr hat das Treppchen allerdings einen anderen Sinn. Es verbindet die reale Szene mit der irrealen. Beide sind mit denselben Mitteln ausgeführt. Trotzdem ist die irreale Szene nicht nebelig und verworren dargestellt – wie das viele Maler machen, wenn sie irreale Bildpartien schaffen. (Man denke an »Rêve« vom Detaille).[6] Wir haben nämlich den Eindruck, daß der Pianist, das Instrument verlassend, in das Wasser steigen kann. Andererseits können die Meerwesen die kleine Treppe hinaufsteigen und sich auf dem Gerüst niederlassen.

Das Bild ist Traum und zugleich Realität. Wer es betrachtet, meint, die Szene schon einmal gesehen zu haben. Er kann sich aber nicht an das Wann und Wo erinnern.

An Hintergründigkeit und metaphysischem Sinn ließe sich das Traumbild Klingers in der Literatur mit der Geschichte von Thomas de Quincey[7] vergleichen, die von einem merkwürdigen Traum handelt. Er erzählt, wie er sich in den Sälen eines festlich beleuchteten Schlosses wiederfindet. Damen der alten Zeit und Kavaliere tanzen. Plötzlich ruft eine mysteriöse Stimme *Consul romanus*. Der Konsul erscheint mit den Legionen. Er klatscht dreimal in

die Hände. Daraufhin löst sich die tanzende Gesellschaft in nichts auf. Rings um den Konsul werden die Feldzeichen und Standarten aufgestellt. Dann kracht das gewaltige »Hurra« der Legionen.
Es gibt nicht viele Menschen, die imstande sind, derartige Bilder zu ersinnen und zu verwirklichen. Man begreift durchaus, daß Klingers Radierungen meist unverstanden bleiben. Sie verursachen nicht den Spektakel, den manchmal das Werk jener Maler auslöst, deren Unzulänglichkeit und Impotenz man in Genialität verwandeln will.

Der romantisch-moderne Geist

Aus dem modernen Leben, aus der kontinuierlichen Entwicklung der Geschäfte, der Maschinen und Konstruktionen, aus dem *comfort* des gegenwärtigen Fortschritts gewann Klinger den romantischen Geist seiner eigenwilligen und tiefen Ansichten. Was ist diese Romantik des modernen Lebens?
Romantisch ist die Sehnsucht, die leise durch Europas Metropolen zieht, durch die Straßen, die schwarz von Menschen sind, durch die City, die vor Geschäftigkeit dröhnt, durch die Vorstädte, in denen sich die Geometrie der Fabriken und Werkstätten ausbreitet. Sie erreicht die Mietskasernen, die wie kubische Archen aus Stein und Zement mitten im Meer der Häuser und der Baustellen vor Anker gegangen sind, während sie in ihren Seitenwänden die Härte, den Schmerz und die Hoffnung des schalen Alltags komprimieren. Romantik ist die herrschaftliche Villa in der bedrückenden Wärme eines Frühlingsmorgens oder in der Mondstille einer Sommernacht mit geschlos-

senen Fensterläden hinter den Bäumen des Parkes und dem schmiedeeisernen Gittertor. Romantisch ist das Heimweh der Bahnhöfe, der Ankunft und der Abfahrt; die Melancholie der Überseehäfen mit ihren Transatlantikdampfern, die ihre Taue lösen und bei Nacht über den schwarzen Wassern leuchtend wie eine Stadt am Festtage auslaufen... Klinger wird von diesem modernen Drama tief ergriffen. In mehr als einem Werk verwirklicht er es ausdrucksvoll. Auf der Radierung »In flagranti« (s. Seite 132) sehen wir das wehmütige Bild der Villa, das ich skizziert habe. Es wurde in jener gespenstischen Dramatik erweitert, die sich in gewissen geglückten Filmszenen findet. Mondnacht. Man sieht die Hauswand einer Villa. Zwischen den Läden eines Fensters im zweiten Stockwerk hat ein Mann, der Ehemann, auf das ehebrecherische Paar geschossen, das auf der Terrasse des Erdgeschosses stand. Er hält noch das rauchende Gewehr in der Hand. Tauben, vom Schuß aufgeschreckt, flattern verloren sich weiß vom schwarzen Himmel abhebend wie Vögel der japanischen Malerei. Der Liebhaber ist auf die Steinplatten gestürzt. Man sieht nichts als die Beine und einen Zipfel der Jacke. Der übrige Körper wird von einem Postament verdeckt, auf dem eine große Vase posiert. Die Frau, von Entsetzen gepackt, versteckt sich und drückt die Hände gegen ihre Ohren. Voller Angst befürchtet sie einen zweiten Schuß. Die Pflanzen und die großblätterigen Bäume, die ringsherum wachsen, steigern den unheimlich tragischen Eindruck der Szene. Diese Radierung ist eine der schönsten Imaginationen Klingers. Wie schon gesagt: Er besitzt eben die dramaturgische Gabe, die in einigen Filmdramen zu beobachten ist, in denen Personen der Tragödie und des modernen Lebens zwischen erschreckend realen

Szenen in magischen Augenblicken identisch werden. In der Folge der Radierungen, die den Titel »Paraphrasen über den Fund eines Handschuhs« trägt, bereichert Klinger den romantisch-modernen Geist um die Phantasie des Träumers und des Erzählers. Sie ist schwarz und unendlich melancholisch. Die Serie ist ein Stück Autobiographie, eine Erinnerung an eine Episode seines Lebens. Als Klinger eines Abends Rollschuh lief, fand er auf dem Boden der Bahn einen Damenhandschuh. Er hob ihn auf und nahm ihn mit sich. Soweit die erste Radierung[8] (s. S. 124). Aus dem Fund des Handschuhs entwickelte der Künstler dann eine phantastische Geschichte; sie ist voll von bewundernswerter dichterischer Phantasie. In dem zweiten Blatt, das »Der Traum«[9] (s. Seite 125) heißt, sitzt er in seinem Bett, das Gesicht in die Hände vergraben. Der Handschuh liegt auf dem Nachtschrank neben der brennenden Kerze. Die Wand im Hintergrund öffnet sich wie die Szene eines Theaters. Wir blicken in eine weite und wehmütige Frühlingslandschaft. In den folgenden Radierungen kommt es zu anderen Visionen. Die Frühlingslandschaft hat sich in ein Meer verwandelt, das der Sturm aufwühlt. Die Sturzwellen schäumen bis ans Bett und rauben den Handschuh. Der Schläfer träumt dann, auf hoher See zu sein, allein in einem kleinen Boot, das die Wellen tanzen lassen. Ungeduldig versucht er, mit einem Haken den Handschuh wiederzufassen, der auf den schäumenden Wassern schwimmt.

Plötzlich hat sich der Handschuh riesig vergrößert. Er wurde zu einem Symbol der geheimnisvollen und quälenden Liebe. Triumphal fährt er in einer Muschel dahin, die von flinken Seepferden gezogen wird. Er hält sie am Zügel, die langen und leeren Finger aus Leder zusammen-

pressend. In der nächsten Radierung liegt der Handschuh auf einem glattgewaschenen Felsen, der wie ein Grabmal am Strande des Meeres steht. Alte Lampen brennen an den Seiten. Die Wellen tragen Rosen heran, die sich zu Füßen des Felsens ausbreiten.
Jetzt wird der Traum zur Qual; er verwandelt sich in einen Alptraum (s. Seite 126). Das Meer dringt in das Schlafzimmer ein. Der Schläfer kehrt sich voll Schmerz und Angst von der Seitenwand ab. Über den Wellen erscheint, den Mond verdunkelnd, der am Horizont aufgeht, ein gigantischer Handschuh, aufgeblasen wie ein Segel, das im Sturm steht. Merkwürdige Meerwesen tauchen aus dem Wasser auf; sie wenden sich mit feindseligen Gesten gegen den Träumenden, der den geliebten Handschuh profanieren will. Der Alptraum vom Meer vergeht, und der Schläfer sieht den Handschuh, der seine ursprüngliche Gestalt zurückgewonnen hat, auf dem Tisch eines eleganten Ladens liegen. Hinter dem Tisch ist ein Regal, das an eine Barriere oder einen Gewehrständer erinnert. An ihm hängt eine Reihe handfester und riesenhafter Handschuhe. Aber siehe da, ein monströser Vogel spaziert über das Regal. Er schnappt sich den Handschuh und fliegt aus dem Fenster (s. Seite 126). Der Träumende stürzt sich aus dem Bett und springt hinterher. Der Vogel aber ist schon fern.
Die letzte Radierung bringt den Epilog der Fabel (s. Seite 127). Der Träumende ist erwacht. Der Handschuh liegt immer noch auf dem Nachtschrank neben dem Bett. Der reizende Jüngling kommt uns lächelnd entgegen, als ob er sagen will, daß alles nichts anderes gewesen sei als ein böser Traum.

Gleich allen Malern, die mit einem tiefgründigen und hellen Geist begabt sind, hat Klinger in seiner Malerei nichts anderes angestrebt, als präzise, solide und perfekt die Bildgedanken und Gefühle auszudrücken, die ihn bedrängten. Darum stand er niemals unter dem Einfluß des französischen Impressionismus. Lehrreich waren für ihn dagegen die pompejanische Malerei und unsere Meister des 15. Jahrhunderts. Er suchte stets die geistvolle und vollendete Zeichnung, die gediegene Form. Er hat in Öl und Tempera gemalt, er hat sich lange Zeit mit dem verwickelten Problem der Farben und des Firnisses beschäftigt.

Eines der wichtigsten Werke dürfte »Die Kreuzigung« sein (s. Seite 94/95). In diesem Bild hat Klinger von der Bühne gelernt. Er nützt die eigenartige, metaphysische Verwandlung, die wir bei den Schauspielern in antiken Tragödien beobachten. Er greift auf die symmetrische Bühnendisposition zurück, in der wir die Hauptpersonen in der Mitte der Szene und zu Seiten den Chor und die Akteure zweiten Ranges sehen.

Das ganze Bild ist theatralisch; aber nicht in dem Sinne, den man gemeinhin dem Begriff gibt. Es gibt Maler, bei denen das Theatralische des Werkes ein Element ist, das ins Bild kommt, ohne daß sie es ihrem künstlerischen Wollen unterwerfen. In diesem Falle sinkt der ästhetische und spirituelle Wert. In der Malerei Klingers aber ist der theatralische Aspekt bewußt gewollt. Er hat nur dessen metaphysische Seite übernommen. Auf diese Weise wird die Ausdruckskraft des Werkes nicht gemindert, sondern verstärkt.

Das Panorama der Häuser und Türme von Jerusalem, das hinter den Personen steht, wirkt wie ein Bühnenbild. Die Akteure stehen alle auf der gleichen Bildebene, auf einer Art Terrasse, anscheinend eine Hochebene, die mit Platten belegt wurde. Sie ist für den Vollzug des Todesurteils bestimmt.

Die drei Gekreuzigten hängen an kurzen Kreuzen. Ihre Füße berühren fast die Erde. Christus, im Profil erfaßt, sieht nicht wie ein Sterbender aus. Er gleicht vielmehr einem Menschen, der lebt und leidet, Sinnbild des außergewöhnlichen Mannes und seines Schicksals. Vor Christus steht eine Gruppe, in der man Magdalena erkennt. Die Mutter hält sich ernst, vergeistigt, statuarisch abseits. Links treten Zuschauer auf. Sie sehen aus wie Akrobaten auf dem Jahrmarkt oder Komparsen der Opernbühne. Eine Gruppe von Rabbinern und hebräischen Schriftgelehrten rundet das Bild ab.

Die »Kreuzigung« wurde in Paris ausgestellt. Wie nicht anders zu erwarten, blieb sie trotz ihres hohen spirituellen und malerischen Wertes unbeachtet. Nach Deutschland zurückgekommen, wurde das Bild für das Museum in Hannover angekauft. Dort ist es heute noch.[10] Die Aufmerksamkeit und das Interesse für dieses Gemälde wuchsen immer mehr. Heute gilt es als Meisterwerk der modernen deutschen Malerei.

Ein anderes bedeutendes Gemälde von Klinger heißt »Der Spaziergang« (s. Seite 80/81). Vor einer langen und niedrigen Mauer aus Klinkersteinen ergehen sich einige Männer in der Sonne. Ihre Schatten fallen auf den Boden und zeichnen sich an der Mauer ab. Der Horizont ist leer. Die Mauer macht den Eindruck, als bedeute sie die Grenze der Welt. Hinter ihr scheint nichts mehr zu sein. Das Gefühl der

Langeweile und des unendlichen Staunens, die Frage, die in der Linie des Horizontes steht, dies alles durchdringt das ganze Bild: die Figuren und den Erdboden, den Schatten und das Licht. In einigen anderen Bildern geht Klinger dagegen in die Irre. Sie gelten philosophisch-sozialen Ideen, wie etwa sein »Christus im Olymp« (s. Seite 92/93) oder die Wandmalereien in der Aula der Universität Leipzig, auf denen die heroischen Zeiten Griechenlands dargestellt werden mit einem unbekleideten Homer, der vor dem Volk seine Epen rezitiert.
Er irrt sich im Ausdruck, im Prunk der überladenen Komposition. Er gerät in ein verrauchtes Labyrinth. Was er macht, hat nichts mit dem zu tun, das er im Inneren tief erkannte. Immerhin gibt es in den Fresken von Leipzig, gleichsam zum Ausgleich, eine bewundernswerte Landschaft mit Küsten, Inseln und Golfen, die erfüllt ist vom Atem des Mittelmeeres.

Die Plastik

Die Plastik Klingers ist unter allen Umständen klassisch. In vielen polychromen Standbildern, etwa in der großartigen »Kassandra« (s. S. 62/63), bemüht er sich, die Emotion der Goldschmiede-Statuen wiederzufinden, die es in Griechenland der goldenen Epochen gab. Man denke an den chrysoelephantinen Zeus[11], an die Pallas mit den Augen aus Diamanten. Genial wie er war, vermied er alle Banalitäten der Plastik, denen fatalerweise fast jeder verfällt, der diese Kunst übt. Er versucht immer, auch im Marmor, den Menschen in seinem geistigen und ewigen Sein zu erfassen, eine Gestalt zu schaffen, die nicht vom

Augenblick, der flieht, bestimmt wird, sondern der Vergangenheit und der Zukunft gehört.

Manchmal, wie im Denkmal für Beethoven (s. S. 70–73), verfällt Klinger allerdings auf einen Kraftakt. Er will, daß der Betrachter sich den Komponisten sitzend vorstellt. Um aber trotzdem den Eindruck unerreichbarer Höhe zu geben, hat er einen müden Adler gemeißelt, der Mühe hat, sich mit seinen Krallen in den Steinen des Sockels festzuhalten.

Dieses Werk steht auf dem Niveau seiner Wandmalereien und des »Christus im Olymp«.

Schlußwort

Max Klinger wurde am 18. Februar 1857 in Leipzig geboren. Er starb am 5. Juli dieses Jahres (1920) in Jena.[12] Im November vergangenen Jahres erkrankte er schwer. Irrtümlicherweise meldeten die Zeitungen, daß er gestorben sei, was dann dementiert wurde.

Er war Maler, Bildhauer, Radierer, Philosoph, Schriftsteller, Musiker und Dichter. Er hinterließ ein gedankenreiches Buch über Malerei und Zeichnung. Wir verdanken ihm viele Essays und Studien über alte und moderne Kunst.

Trotz seines Ruhmes kann man ihn heute zu den unverstandenen Künstlern zählen. In Italien verwechseln ihn viele Einfaltspinsel in gröblicher Weise mit Franz Stuck und all dem, das sie verallgemeinernd und verächtlich »deutsche Kunst« nennen. In den nordischen Ländern wird er mehr beachtet und respektiert, aber auch nicht ganz verstanden und gewürdigt. In Frankreich spricht niemand von ihm, obgleich er mehr als einmal im Salon ausgestellt hat und die Bibliotheken von Paris seine Radierungen gesammelt haben. Wer könnte schon erwarten, daß der Großteil der französischen Kritiker und Schriftsteller das Werk Klingers schätzt? Einer der scharfsinnigsten Geister Frankreichs, Jules Laforgue,[13] hatte Gelegenheit, Klinger und sein Werk kennenzulernen als er Vorleser bei der Kaiserin Augusta[14] war. Obwohl ihn die Bilder interessierten, sprach er mit einer Lässigkeit, die auf die Nerven ging, von ihnen und tat sie mit wenigen Zeilen ab. Dagegen konnte er nie genügend Worte finden, um die Vorentwürfe von Pissarro und Berthe Morisot zu loben. Ich zitiere als Beispiele einige Stellen aus Briefen, die Laforgue aus Berlin an seinen Freund Charles Ephrussis[15] schrieb:

»*A ce propos, vous ai-je parlé d'un artiste d'ici Max Klinger, qui a une sorte de génie du bizarre? Il a envoyé au Salon de Paris une toile intitulée ›Cerné‹, qui je n'ai pas vue, mais qu'il m'a décrite et qui doit être bien étonnante. Il a peur qu'elle soit réfusée. Il va envoyer en outre quatre eaux-fortes en deux cadres. Rémarquez-vous, vous seréz étonné. C'est peniblement fait, très travaillé, mais si voulu, si profond. Au reste, si vous voyez M. M. ... il vous en parlera et vous serez temoin de ses accès de lyrisme.*«

Wenige Tage später schrieb er an den Freund: »*J'ai vu un catalogue du Salon et j'ai un vague soupçon, que toile de Max Klinger a été réfusée. Que dites-vous du moins de ses eaux-fortes? C'est curieux d'idée, quoique pénible, trop préparé et sabré, pas avec assez de bravoure.*« Bemerkenswert die letzten fünf Worte: ein Mann, der wenig von seiner eigenen Meinung hält! Das Urteil einer Jury des Salons genügte, um Zweifel in ihm zu erwecken und ihm das bißchen Achtung und

Interesse zu nehmen, das er zunächst für Klinger übrig hatte.

Klinger war der moderne Künstler schlechthin. Modern nicht in dem Sinne, den man heute dem Begriff gibt, sondern im Sinne eines gewissenhaften Mannes, der das Erbe an Kunst und Denken aus Jahrhunderten und aber Jahrhunderten achtet, der wachen Auges in die Vergangenheit, in die Gegenwart und in sich selbst blickt.

[1] »Max Klinger«, in: Il Convegno, Mailand 1, 1920, 10 (November), S. 32–44, und in: Commedia dell'arte moderna, Rom 1945, S. 47–57, ungekürzt.

[2] Dorf am Genfer See, Aufenthaltsort von Voltaire (François Marie Arouet, 1694–1778) seit 1758 bis zu seinem Tode.

[3] Chirico meint das Blatt »Die Entführung des Prometheus« (Singer 206).

[4] Es handelt sich um eine Federzeichnung.

[5] Chirico meint die Radierung »Verfolgter Kentaur« (Singer 54).

[6] Edouard D., französischer Militär- und Schlachtenmaler (1848–1912).

[7] Englischer Essayist (1785–1859).

[8] Chirico beschreibt Blatt 2 der Folge »Handlung« (Singer 114)

[9] Chirico meint das dritte Blatt »Wünsche« (Singer 115).

[10] Die »Kreuzigung« gelangte wegen Proteste seitens kirchlicher Kreise nicht nach Hannover.

[11] Statue des Zeus im Zeustempel zu Olympia aus Gold und Elfenbein (griech.: chrysos = Gold, elephantinos = Elfenbein), ein Werk des Pheidias.

[12] Klinger starb am 4. Juli 1920.

[13] Französischer Dichter (1860–1887), weilte als Vorleser der Kaiserin am Hofe in Berlin (1881–1886).

[14] Prinzessin von Sachsen-Weimar (1811–1890), Gemahlin Kaiser Wilhelms I.

[15] Französischer Schriftsteller (1849–1905), Mitherausgeber der »Gazette des Beaux-Orts«, Paris (erscheint seit 1859).

1 Die meisten folgenden Daten und Fakten stützen sich auf die ausführliche Zusammenstellung in dem Ausstellungskatalog: Max Klinger 1857–1920. Herausgegeben vom MUSEUM DER BILDENDEN KÜNSTE ZU LEIPZIG, Leipzig 1970, S. 13–33.
(Dieser Katalog enthält u.a. eine umfangreiche Bibliographie zu Max Klinger und seinem Werk.)
2 Zitiert nach Julius VOGEL: Max Klinger und seine Vaterstadt Leipzig, Leipzig 1925^3, S. 3.
3 Aus einem Brief vom 10.5.1875. Zitiert nach: Briefe von Max Klinger, Aus den Jahren 1874 bis 1919. Herausgegeben von Hans Wolfgang SINGER, Leipzig 1924, S. 12.
4 Vgl. VOGEL (s. Anm. 2), S. 5.
5 Zitiert nach: Max Klinger – Eberhard Schlotter – Radierungen, Ausstellungskatalog. Herausgegeben vom Magistrat der Stadt DARMSTADT, KUNSTVEREIN, Darmstadt 1966, S. 10.
6 Vgl. Theodor LEWIN: Die 52. Ausstellung der Königlichen Akademie der Künste zu Berlin, in: GEGENWART v. 7.9.1878, Bd. 14, S. 157.
7 Aus einem Brief mit der Datierung: »Brüssel 4 Freitag (79.)«. Zitiert nach SINGER (s. Anm. 3), S. 23.
8 Aus einem Brief mit der Datierung: »München Montag. (VI. 80)«. Zitiert nach SINGER (s. Anm. 3), S. 32.
9 Brief vom 30.1.1883. Zitiert nach SINGER (s. Anm. 3), S. 38f.
10 Aus einem Brief an Albers, undatiert (Paris). Zitiert nach SINGER (s. Anm. 3), S. 72.
11 Aus einem Brief an Dr. H.H. Meier jr. vom 4.7.1887. Zitiert nach SINGER (s. Anm. 3), S. 75.
12 Aus einem Brief vom 27.2.1888. Zitiert nach SINGER (s. Anm. 3), S. 78.
14 Aus einem Brief an die Eltern vom 16.10.1888. Zitiert nach SINGER (s. Anm. 3), S. 86.
15 Aus einem Brief vom 20.4.1894. Zitiert nach SINGER (s. Anm. 3), S. 113f.
16 Aus einem Brief an Frau Lehrs vom 22.7.94. Zitiert nach SINGER (s. Anm. 3), S. 124.
17 Aus einem Brief vom 18.5.1895. Zitiert nach SINGER (s. Anm. 3), S. 127.
18 Aus einem Brief vom 24.12.1896. Zitiert nach SINGER (s. Anm. 3), S. 132f.
19 Fritz SCHUMACHER: Stufen des Lebens, Stuttgart 1935, S. 178.
20 Elsa ASENIJEFF: Der Kuß der Maja (1903). Zitiert nach VOGEL (s. Anm. 2), S. 69.
21 Aus einem Brief vom 12.6.1901. Zitiert nach SINGER (s. Anm. 3), S. 145.
22 Aus einem Brief vom 10.12.1901. Zitiert nach SINGER (s. Anm. 3), S. 150f.
23 Aus einem Brief vom 29.9.1901. Zitiert nach MUSEUM DER BILDENDEN KÜNSTE ZU LEIPZIG (s. Anm. 1), S. 58.
24 ILLUSTRIRTE ZEITUNG v. 9.5.1901, Bd. 116, S. 722.
25 Zitiert nach: Gustav Klimt, Dokumentation. Herausgegeben von Christian M. Nebehay, Wien 1969, S. 278.

26 Ludwig HEVESI: Acht Jahre Sezession, Wien 1906, S. 383f.
27 Zitiert nach NEBEHAY (s. Anm. 25), S. 284.
28 Aus einem Brief an A. Hummel vom 6.5.1904. Zitiert nach SINGER (s. Anm. 3), S. 159.
29 Aus einem Brief an G. Hirzel vom 26.3.1907. Zitiert nach SINGER (s. Anm. 3), S. 176f.
30 Aus einem Brief an G. Hirzel vom 23.5.1913. Zitiert nach SINGER (s. Anm. 3), S. 198f.
31 Aus einem Brief an Elsa Asenijeff vom 4.5.1915. Zitiert nach SINGER (s. Anm. 3), S. 191.
32 Zitiert nach Ferdinand AVENARIUS: Max Klinger als Poet, München o. J., S. 111.
33 Vgl. SCHUMACHER (s. Anm. 19), S. 409, Anm. 82.
34 Zitiert nach DARMSTADT, KUNSTVEREIN (s. Anm. 5), S. 9.
35 Wertvolle Hilfe bei der Bearbeitung des Verzeichnisses verdankt die Herausgeberin dem Katalog der Klinger-Ausstellung, MUSEUM DER BILDENDEN KÜNSTE ZU LEIPZIG (s. Anm. 1), S. 49–123.
36 Die Angaben zu der Skulptur sind dem Katalog der Klinger-Ausstellung, MUSEUM DER BILDENDEN KÜNSTE ZU LEIPZIG (s. Anm. 1), S. 49, Nr. 2 entnommen.
Die Maße verstehen sich in cm.
37 s. Anm. 36, S. 50, Nr. 3.
38 Aus einem Brief vom 3.1.1895. Zitiert nach MUSEUM DER BILDENDEN KÜNSTE ZU LEIPZIG (s. Anm. 1), S. 50.
39 s. Anm. 36, S. 51, Nr. 4.
40 Vgl. Paul KÜHN: Max Klinger, Leipzig 1907, S. 405f.
41 s. Anm. 36, S. 55, Nr. 10.
42 Willy PASTOR: Max Klinger, Berlin 1922^{III}, S. 168. Zitiert nach MUSEUM DER BILDENDEN KÜNSTE ZU LEIPZIG (s. Anm. 1), S. 55.
43 Zitiert nach Julius VOGEL: Max Klingers Leipziger Skulpturen, Leipzig 1902, S. 79.
44 Aus einem Brief an A. Hummel vom 31.12.1904. Zitiert nach MUSEUM DER BILDENDEN KÜNSTE ZU LEIPZIG (s. Anm. 1), S. 57.
45 Zitiert nach MUSEUM DER BILDENDEN KÜNSTE ZU LEIPZIG (s. Anm. 1), S. 53.
46 s. Anm. 45, S. 55.
47 s. Anm. 45, S. 58.
48 Bei den Maßen in cm steht Höhe vor Breite.
49 Zitiert nach KÜHN (s. Anm. 40), S. 281.
50 s. Anm. 40, S. 302f.
51 Die Angaben zu den Blättern stützen sich auf das Werkverzeichnis von Klingers Graphik: Max Klingers Radierungen, Stiche und Steindrucke. Wissenschaftliches Verzeichnis von Hans Wolfgang SINGER, Berlin 1909 (zitiert als Singer). Die arabische Zahl bezeichnet die Werkkatalog-Nummer, die römische den Zustand. Die Maße beziehen sich auf die Plattengröße in cm, Höhe steht vor Breite. Nützliche Hinweise lieferte auch der Ausstellungskatalog: Max Klinger zum 50. Todestag, Das druckgraphische Werk aus dem Besitz der

Kunsthalle Bremen. Herausgegeben von der KUNSTHALLE BREMEN, Bremen 1970.

52 Aus einem Brief an Leo Liepmannsohn vom 16.1.1880. Zitiert nach SINGER (s. Anm. 3), S. 29.

53 Aus einem Brief an Ludwig Pietsch vom 20.9.1880. Zitiert nach SINGER (s. Anm. 3), S. 35.

54 Aus einem Brief an die Eltern vom 20.4.(1880). Zitiert nach SINGER (s. Anm. 3), S. 37.

55 Aus dem Inhaltsverzeichnis der 5. Ausgabe der »Dramen«. Zitiert nach MUSEUM DER BILDENDEN KÜNSTE ZU LEIPZIG (s. Anm. 1), S. 117.

56 Aus einem Brief an Max Lehrs vom 1.3.16. Zitiert nach SINGER (s. Anm. 3), S. 208.

57 Aus einem Brief mit dem Poststempel vom 29.12.93. Zitiert nach: Johannes Brahms an Max Klinger (o. Hrsg.), Leipzig 1924, S. 7.

58 Aus einem Brief an Dr. H. H. Meier jr. Zitiert nach SINGER (s. Anm. 51), S. 89.

Quellennachweis der Abbildungen

Originalphotographien

Berlin, Nationalgalerie (Ost): S. 80/81, S. 103, S. 106
Bremen, Kunsthalle: S. 133, S. 138, S. 150
Darmstadt, Hessisches Landesmuseum: S. 84/85
Dresden, Skulpturensammlung: S. 68
Düsseldorf, Kunstmuseum: S. 109
Frankfurt, Städel: S. 78
Hamburg, Kunsthalle; Foto Kleinhempel: S. 87–89, S. 104/105, S. 112–132, S. 134–137, S. 139–169
Hamburg, Privatbesitz: S. 54/55, S. 107/108, S. 110
Leipzig, Museum der bildenden Künste: S. 83, S. 94/95, S. 98, S. 102
München, Neue Pinakothek: S. 99
Wien, Kunsthistorisches Museum: S. 90/91

Aus Büchern und Zeitschriften

SINGER (s. Anm. 51), Abb. 317: S. 84 unten
Amor und Psyche. Ein Märchen des Apuleius. Aus dem Lateinischen von Reinhold Jackmann. Illustriert in 46 Originalradierungen und ornamentiert von Max Klinger. München 1880. Randleiste: Frontispiz
Elsa ASENIJEFF: Max Klingers Beethoven. Eine kunsttechnische Studie. Leipzig 1902, S. 68, S. 61, S. 57, S. 65: S. 71–73
Max Klinger, Gedanken und Bilder, Aus der Werkstatt des werdenden Meisters. Herausgegeben von Hildegard HEYNE, Leipzig 1925; S. 3, S. 21: S. 162
Max Klinger. Radierungen, Zeichnungen, Bilder und Skulpturen. Mit einem Text von Franz Hermann MEISSNER, München 1914, S. 32, S. 88/89, S. 94, S. 97: S. 64/65, S. 67, S. 75, S. 77
MEISSNER (s. o.) 1897; S. 59, S. 60, S. 32: S. 61, S. 63, S. 100
MUSEUM DER BILDENDEN KÜNSTE ZU LEIPZIG (s. Anm. 1), S. 14, S. 25, S. 27, S. 29, S. 19, S. 98: S. 29, S. 47, S. 49, S. 53, S. 57, S. 60
NEBEHAY (s. Anm. 25), Abb. 415, Abb. 417: S. 45/46
Christian NEBEHAY: Katalog 43, Max Klinger, Wien o. J. (1975): S. 35, S. 69
Hans Wolfgang SINGER: Zeichnungen von Max Klinger, Leipzig 1912, Tafel 20, 47: S. 156, S. 158
VOGEL (s. Anm. 43), S. 56 u. Abb. 1: S. 62, S. 38
Ludwig VOLKMANN: Naturprodukt und Kunstwerk, Dresden 1903^{II}, Abb. 22: S. 66
KUNST FÜR ALLE 1913, XXVII. Jahrg., S. 27: S. 51
ZEITSCHRIFT FÜR BILDENDE KUNST 1905, N.F. XVI, S. 10, S. 7: S. 25, S. 74
ILLUSTRIERTE ZEITUNG v. 30. 1. 1902, Bd. 118, S. 155: S. 37
ILLUSRIERTE ZEITUNG v. 9. 5. 1901, Bd. 116, S. 723: S. 41
PAN 1897, I, S. 89: S. 90 unten
VER SACRUM 1902, V. Jahrg., S. 167/168: S. 42/43
Nach Photographien der Hamburger Kunsthalle S. 92/93, S. 96/97
Aufnahmen: Edgar Wacker, Foto Kleinhempel, Hamburg

insel taschenbücher

Alphabetisches Verzeichnis

Der Familienschatz it 34
Ein Fisch mit Namen Fasch it 222
Flaubert: Ein schlichtes Herz it 110
Fontane: Der Stechlin it 152
Fontane: Effi Briest it 138
le Fort. Leben und Werk im Bild it 195
Caspar David Friedrich: Auge und Landschaft it 62
Manuel Gassers Köchel-Verzeichnis it 96
Das Geburtstagsbuch it 155
Geschichten der Liebe aus 1001 Nächten it 38
Gespräche mit Marx und Engels (2 Bände) it 19/20
Goethe: Dichtung und Wahrheit (3 Bände in Kassette) it 149/it 150/it 151
Goethe: Die Leiden des jungen Werther it 25
Goethe: Die Wahlverwandtschaften it 1
Goethe: Faust (1. Teil) it 50
Goethe: Faust (2. Teil) it 100
Goethe: Hermann und Dorothea it 225
Goethe: Italienische Reise it 175
Goethe: Maximen und Reflexionen it 200
Goethe: Reineke Fuchs it 125
Goethe: Tagebuch der italienischen Reise 1786 it 176
Goethe: West-östlicher Divan it 75
Grandville: Bilder aus dem Staats- und Familienleben der Tiere (2 Bände) it 214
Hebel: Kalendergeschichten it 17
Heine: Aus den Memoiren des Herren von Schnabelewopski it 189
Heine: Buch der Lieder it 33
Heras: Am Anfang war das Huhn it 185
Hesse: Dank an Goethe it 129
Hesse: Geschichten aus dem Mittelalter it 161
Hesse: Hermann Lauscher it 206
Hesse: Kindheit des Zauberes it 67
Hesse. Leben und Werk im Bild it 36
Hesse: Pictors Verwandlungen it 122
Hillmann: ABC-Geschichten von Adam bis Zufall it 99
E. T. A. Hoffmann: Kater Murr it 168
Hölderlin-Chronik it 83
Hölderlin: Dokumente seines Lebens it 221
Homer: Ilias it 153
Ricarda Huch: Der Dreißigjährige Krieg (2 Bände) it 22/23
Jacobsen: Niels Lyhne it 44
Kant-Brevier it 61
Kaschnitz: Eisbären it 4

Kästner: Die Lerchenschule it 57
Kästner: Die Stundentrommel
vom heiligen Berg Athos it 56
Kästner: Griechische Inseln it 118
Kästner: Kreta it 117
Kästner: Ölberge, Weinberge it 55
Zum Kinderbuch it 92
Kinderheimat it 111
Kinder- und Hausmärchen gesammelt durch
die Brüder Grimm (3 Bände in Kassette)
it 112/it 113/it 114
Kleist: Der zerbrochene Krug it 171
Klingemann: Nachtwachen von Bonaventura it 89
Klinger: Leben und Werk in Daten und Bildern it 204
Konfuzius: Materialien zu einer Jahrhundert-
Debatte it 87
Kropotkin: Memorien eines Revolutionärs it 21
Laclos: Schlimme Liebschaften it 12
Das große Lalula it 91
Das Buch der Liebe it 82
Lichtenberg: Aphorismen it 165
Linné: Lappländische Reise it 102
Longus: Daphnis und Chloë it 136
Lorca: Die dramatischen Dichtungen it 3
Der Löwe und die Maus it 187
Majakowski: Werke I it 16 Werke II it 53 Werke III it 79
Marc Aurel: Wege zu sich selbst it 190
Märchen deutscher Dichter it 13
Maupassant: Pariser Abenteuer it 106
Mäusegeschichten it 173
Michelangelo: Handzeichnungen und
Dichtungen it 147
Michelangelo. Leben und Werk it 148
Minnesinger it 88
Mirabeau: Der gelüftete Vorhang it 32
Montaigne: Essays it 220
Mordillo: Das Giraffenbuch it 37
Mordillo: Das Giraffenbuch 2 it 71
Mordillo: Träumereien it 108
Morgenstern: Alle Galgenlieder it 6
Mörike: Die Historie von der schönen Lau it 72
Mozart: Briefe it 128
Musäus: Rübezahl it 73
Mutter Gans it 28
Die Nibelungen it 14

Nietzsche: Also sprach Zarathustra it 145
Novalis. Dokumente seines Lebens it 178
Orbeliani: Die Weisheit der Lüge it 81
Orbis Pictus it 9
Oskis Erfindungen it 227
Ovid: Ars Amatoria it 164
Paul: Des Luftschiffers Gianozzo Seebuch it 144
Petzet: Das Bildnis des Dichters it 198
Phaïcon 1 it 69
Phaïcon 2 it 154
Pöppig: In der Nähe des ewigen Schnees it 166
Polaris 1 it 30
Polaris 2 it 74
Polaris 3 it 134
Potocki: Die Handschrift von Saragossa it 139
Rabelais: Gargantua und Pantagruel (2 Bände) it 77
Die Räuber vom Liang Schan Moor (2 Bände) it 191
Reden und Gleichnisse des Tschuang Tse it 205
Rilke: Ausgesetzt auf den Bergen des Herzens it 98
Rilke: Das Buch der Bilder it 26
Rilke: Duineser Elegien / Die Sonette an Orpheus it 80
Rilke: Geschichten vom lieben Gott it 43
Rilke: Neue Gedichte it 49
Rilke: Das Stunden-Buch it 2
Rilke: Wladimir, der Wolkenmaler it 68
Rilke. Leben und Werk im Bild it 35
Scheerbart: Rakkóx der Billionär it 196
Schiller: Der Geisterseher it 212
Schlote: Das Elefantenbuch it 78
Schlote: Fenstergeschichten it 103
Schmögner: Das Drachenbuch it 10
Schmögner: Das unendliche Buch it 40
Schopenhauer: Aphorismen zur Lebensweisheit it 223
Schumacher: Ein Gang durch den Grünen Heinrich it 184
Schwab: Sagen des klassischen Altertums (3 Bände in Kassette) it 127
Scott: Im Auftrag des Königs it 188
Shakespeare: Sonette it 132
Shaw-Brevier it 159
Sindbad der Seefahrer it 90
Sonne, Mond und Sterne it 170
Sophokles: Antigone it 70
Sophokles: König Ödipus it 15
Stendhal: Rot und Schwarz it 213

Stendhal: Über die Liebe it 124
Stevenson: Die Schatzinsel it 65
Storm: Am Kamin it 143
Swift: Ein bescheidener Vorschlag ... it 131
Swift: Gullivers Reisen it 58
Tillier: Mein Onkel Benjamin it 219
Toepffer: Komische Bilderromane (2 Bände in Kassette) it 137
Tolstoj: Die großen Erzählungen it 18
Tolstoj: Kindheit, Knabenalter, Jünglingsjahre it 203
Tschechow: Die Dame mit dem Hündchen it 174
Turgenjew: Väter und Söhne it 64
Der Turm der fegenden Wolken it 162
Twain: Huckleberry Finns Abenteuer it 126
Twain: Tom Sawyers Abenteuer it 93
Voltaire: Candide it 11
Voltaire: Sämtliche Romane und Erzählungen it 209/it 210
Voltaire: Zadig it 121
Wagner: Ausgewählte Schriften it 66
Walser: Fritz Kochers Aufsätze it 63
Das Weihnachtsbuch it 46
Das Weihnachtsbuch der Lieder it 157
Das Weihnachtsbuch für Kinder it 156
Wilde: Die Erzählungen und Märchen it 5
Wilde: Salome it 107
Wilde. Leben und Werk it 158
Zimmer: Yoga und Buddhismus it 45